1. Anspruch aus § 280 I wegen Verletzung einer Pflicht aus einem selbständigen Auskunftsvertrag

Ein solcher Auskunftsvertrag kann auch stillschweigend geschlossen werden. Eine entsprechende **Falschauskunft** würde dann die **Pflichtverletzung** darstellen. Gem. §§ 161 II, 124 I HGB kann die KG eine solche Verbindlichkeit auch eingehen, allerdings müsste auch ein **entsprechender Rechtsbindungswille** gegeben sein. Indiz für diesen wäre, wenn die Auskunft offensichtlich **für den A von erheblicher Bedeutung war und Grundlage wesentlicher Entscheidungen** sein sollte. **Dies ist hier wohl nicht anzunehmen** (a.A. vertretbar).

2. Anspruch aus § 280 I wegen Verletzung einer Pflicht aus „dauernder Geschäftsverbindung"

Eine dauernde Geschäftsverbindung zwischen Auskunftserteilendem und Empfänger begründet zwischen den Parteien die Pflicht, nach Treu und Glauben eine gewisse Sorgfalt bei der Auskunftserteilung zu wahren (§ 241 II); dies selbst dann, wenn sich der vertragliche Bereich nicht direkt auf die Auskunftserteilung bezieht, sondern nur ein gewisser innerer Zusammenhang besteht.

Dies ist **hier der Fall, da ein derartiger Informationsaustausch sogar üblich war. Das Verschulden des K wird der KG über § 31 analog zugerechnet. Der Schaden ist zu ersetzen.**

3. Anspruch aus § 823 I

Dieser kommt nicht in Betracht, da es sich insoweit **lediglich** um einen **Vermögensschaden** handelt.

4. Anspruch aus § 823 II i.V.m. §§ 263 StGB, 826

Diese scheiden ebenfalls aus, da es an einem entsprechenden **Vorsatz fehlt**.

---

hemmer-Methode: Die Beurteilung des Rechtsbindungswillens beim konkludenten Vertragsschluss bestimmt sich wie bei den Gefälligkeitsverträgen: der Beratende haftet nicht dort, wo er will, sondern dort, wo er objektiv erkennbar (§§ 133, 157) soll! Und dies selbst dann, wenn er aus rechtsgeschäftliche Bindung ablehnt. Die Annahme eines Rechtsbindungswillens ist hier also ei

XII. Rat und Empfehlung
Raterteilung

SchR-BT II — Karte 80

> § 675 II stellt lediglich deklaratorisch fest, dass die Erteilung eines Rates oder einer Empfehlung mangels Rechtsbindungswillens grundsätzlich keine Haftung erzeugt. Dennoch kann der Beratende für Auskünfte haften müssen:
>
> **1.** aufgrund eines speziellen Rat- oder Auskunftsvertrages (auch konkludent),
>
> **2.** als Nebenpflicht aus einem sonstigen Vertrag,
>
> **3.** aus einem vertragsähnlichen Verhältnis oder
>
> **4.** wenn die unrichtige Empfehlung ein Delikt darstellt. § 675 II steht dem nicht entgegen (vgl. Wortlaut „unbeschadet").

A steht mit einer KG seit langem in dauernder Geschäftsverbindung. Als sich A über X, einen der Kunden der KG, informierte, erklärte der Komplementär K aus Nachlässigkeit, dass X kreditwürdig sei, woraufhin A an X lieferte, aber von diesem wegen Insolvenz keine Zahlung mehr erlangte.

Kann A von der KG Schadensersatz verlangen?

Juristisches Repetitorium hemmer
examenstypisch • anspruchsvoll • umfassend

Die Bank könnte einen Anspruch aus §§ 675c I, 670 auf Aufwendungsersatz gegen A haben. Gem. § 675u S. 1 ist ein solcher Anspruch aber ausgeschlossen, wenn es an einer Autorisierung des Zahlungsvorgangs fehlt. Autorisiert ist ein Zahlungsvorgang, wenn der Zahlende ihm zustimmt, § 675j I S. 1. Eine solche Zustimmung liegt vor, sobald der Bank der Zahlungsauftrag zugeht, § 675n I S. 1. Danach kann er grundsätzlich nicht mehr widerrufen werden, § 675p I. Vorliegend ergibt sich jedoch etwas anderes daraus, dass eine Terminsüberweisung vorliegt, bei der ein Widerruf bis zu einem Tag vor dem Ausführungsdatum möglich ist, § 675p III. Daher ist die Autorisierung wieder entfallen, ein Anspruch aus §§ 675c I, 670 ist gem. § 675u S. 1 nicht gegeben.

Möglicherweise besteht aber ein Anspruch aus § 812 I S. 1 Alt. 1. Nach umstrittener, aber h.M. ist auch dieser Anspruch gem. § 675u S. 1 ausgeschlossen. Der Gesetzgeber hat mit § 675u S. 1 BGB gerade die Wertung getroffen, dass der Anweisende aus der Rückabwicklung herausgehalten werden soll, wenn die Zahlung nicht autorisiert war. Dies soll eben auch für den bereicherungsrechtlichen Anspruch und nicht nur für den vertraglichen Anspruch aus § 670 BGB gelten (Palandt, § 675u, Rn. 3).

Fraglich ist daher, **ob B gegen C vorgehen kann.** Da die Bank mit der Zahlung an C keinen eigenen Leistungszweck verfolgt, kommt nur eine Nichtleistungskondiktion **gem. § 812 I S. 1 Alt. 2** in Betracht. Erlangtes Etwas ist der Anspruch aus der Gutschrift, einem abstrakten Schuldanerkenntnis, §§ 780, 781. Dies hat C auf Kosten der Bank ohne Rechtsgrund erlangt. Der Rechtsgrund ist grundsätzlich die Weisung des A, welche aber vorliegend widerrufen wurde. Der Tatbestand der Nichtleistungskondiktion ist damit verwirklicht.

Problematisch ist allerdings, dass C den Anspruch aus der Gutschrift aus seinem Blickwinkel durch eine Leistung des A erlangt hatte. Daher wäre die Nichtleistungskondiktion gesperrt. Anerkannt ist jedoch, dass die Wertungen des Einzelfalls berücksichtigt werden müssen. Die gesetzgeberische Wertung ist, dass A in diesen Konstellationen der fehlenden Autorisierung aus der Rückabwicklung herausgehalten werden soll, § 675u S. 1. Daher steht der Bank eine Nichtleistungskondiktion gegen den Empfänger zu. Diese lässt der BGH nicht am Vorrang der Leistungsbeziehung scheitern. Maßgeblich dafür ist die Wertung, dass bei fehlender Autorisierung nach § 675u S. 1 BGB sämtliche Ansprüche der Bank gegen den Inhaber des belasteten Kontos ausgeschlossen sind, auch bereicherungsrechtliche. Aufgrund dieser Wertung muss bei einem nicht autorisierten Zahlungsvorgang ausnahmsweise der Durchgriff gegenüber C gerechtfertigt sein.

---

hemmer-Methode: Zur Bejahung der Durchgriffskondiktion der Bank (Zahlungsdienstleister) gegen den Zahlungsempfänger gem. § 812 I S. 1 Alt. 2 im Falle eines nicht autorisierten Zahlungsvorganges vgl. BGH, Life&Law 12/2015, 996 ff. = NJW 2015, 3093 ff. = **juris**byhemmer.

XI. Entgeltliche Geschäftsbesorgung
Widerruf des Überweisungsauftrages

SchR-BT II
Karte 79

> Bei einem Vertrag mit der Bank über die Errichtung und Führung eines Girokontos handelt es sich um einen Zahlungsdiensterahmenvertrag, der in § 675f II geregelt ist.
>
> Das tatsächliche Tätigwerden der Bank setzt dann aber jeweils noch ein konkretes Rechtsgeschäft voraus. Dabei handelt es sich um eine Weisung gem. §§ 675c I, 665, eine einseitige Erklärung des Anweisenden. Aus diesem Zahlungsdiensterahmenvertrag resultiert die Verpflichtung, diese Weisungen zu befolgen.

A erteilt seiner Bank B am 01.02. den Auftrag, auf das Konto des C bei der D-Bank am 10.02. 1.000,- € zu überweisen.

Später fällt ihm auf, dass der Anspruch des C bereits verjährt ist. Er widerruft die Anweisung bei B daher am 09.02. Die Bank führt aus Versehen gleichwohl eine Überweisung durch. Darf die Bank das Konto des A belasten? Kann Sie gegen C vorgehen?

Juristisches Repetitorium
examenstypisch • anspruchsvoll • umfassend **hemmer**

1. Einerseits **endet** der Auftrag **durch (Pflicht)Erfüllung (§ 362 I)** bzw. durch einen **anderen allgemeinen Beendigungsgrund** (z.B. Befristung oder Zweckerreichung).

2. Andererseits sieht **§ 671** auch die Möglichkeit der Beendigung durch **einseitiges Rechtsgeschäft durch beide Parteien** vor. Von Seiten des Auftraggebers handelt es sich dabei um einen **Widerruf**, von Seiten des Beauftragten um eine **Kündigung**. Diese rechtsgestaltenden Willenserklärungen können von beiden Seiten **jederzeit** geäußert werden und bedürfen für ihre Wirksamkeit **keines Grundes**, auch nicht bei Kündigung zur Unzeit.

Das **Fehlen eines wichtigen Grundes löst in letzterem Fall dann allerdings eine Schadensersatzpflicht nach § 671 II S. 2 aus, wenn zur Unzeit gekündigt wird**.

Demgegenüber hat der **Tod oder die Geschäftsunfähigkeit des Auftraggebers gemäß § 672 S. 1 im Zweifel keinen Einfluss auf den Fortbestand des Auftrags**. Sollte entgegen dieser Vermutung mit dem Tod des Auftraggebers dennoch der Auftrag erlöschen, trifft den Beauftragten eine **Notbesorgungspflicht gem. § 672 S. 2**, womit das Auftragsverhältnis **als fortbestehend fingiert** wird und zwar **mit allen Rechten und Pflichten. Auch bei späterer Kenntnis des Beauftragten vom Erlöschen (§ 674) kann das Auftragsverhältnis, auch in Form der Notbesorgung, fortbestehen**.

---

hemmer-Methode: Beachten Sie bei § 674 die Vorschrift des § 169: I.R.d. Vollmacht gilt die Fiktion des § 674 nicht zugunsten eines Dritten, der das Erlöschen kennt oder kennen muss! Ein Vertrag kommt damit dann nicht zustande, womit der Geschäftspartner wegen § 674 weder einen Anspruch aus § 179 II gegen den Beauftragten noch wegen § 169 einen vertraglichen Erfüllungsanspruch hat.

Vergleichen Sie zudem § 672 mit § 673! Es fällt auf, dass die Geschäftsunfähigkeit des Beauftragten nicht geregelt wurde: Die Verpflichtung zur Besorgung eines auf rechtsgeschäftliches Handeln gerichteten Geschäfts erlischt dann gem. §§ 275, 105 I wegen Unmöglichkeit.

X. Auftrag

Ende des Auftrages

SchR-BT II
Karte 78

> Der Bestand des Auftrages (im Innenverhältnis) kann im Rahmen einer Vollmachtserteilung (im Außenverhältnis) auch auf diese Auswirkungen haben. Wenn sich aus dem Inhalt der Vollmacht selbst nicht etwas anderes ergibt, so hat das Erlöschen des Auftrages auch das Erlöschen der Vollmacht zur Folge, § 168 S. 1.
>
> Der Auftrag gem. § 662 kann auf verschiedene Weise sein Ende finden.

Nennen Sie die verschiedenen Möglichkeiten. Wie wirkt sich der Tod einer Vertragspartei auf den Fortbestand des Auftrages aus?

Juristisches Repetitorium
examenstypisch • anspruchsvoll • umfassend **hemmer**

B könnte gegen A einen Anspruch aus § 670 haben.

Dann müsste zwischen A und B ein **Auftragsverhältnis gem. § 662** bestehen und ein **reines Gefälligkeitsverhältnis müsste auszuschließen sein.** Die **Abgrenzung** erfolgt **nach dem Rechtsbindungswillen** der Parteien. **Aufgrund des erkennbaren wirtschaftlichen Interesses des A ist von einem Auftrag auszugehen.**

Ein Ersatz nach **§ 670** ist **grundsätzlich nur bei Aufwendungen**, d.h. freiwilligen Vermögensopfern möglich. Bei einem Schaden handelt es sich aber gerade um eine unfreiwillige Vermögenseinbuße. Dieses Ergebnis erscheint teilweise unbillig, da ja der Beauftragte nur aufgrund des Auftrages tätig wurde und sich damit in gewisse Gefahrenbereiche begab.

Aus diesem Grund wird dem Beauftragten von der **h.M.** auch dann nach § 670 (direkt oder analog) ein **Schaden ersetzt, wenn sich darin ein tätigkeitsspezifisches Risiko verwirklicht hat**, das der Beauftragte mit der Ausführung des Auftrages übernommen hat. Dies wird überwiegend aus dem Rechtsgedanken des § 110 I HGB abgeleitet, da auch dort jemand fremdbestimmt tätig wird und Ersatz seiner Schäden („Verluste") verlangen kann.

Es ist dagegen **nicht ausreichend, wenn sich lediglich das allgemeine Lebensrisiko verwirklicht** und der Schaden nur bei Gelegenheit entsteht. Bei **Straßenverkehrsunfällen** - wie bei diesem - könnte es sich aber um genau so einen zufälligen Schaden handeln, der aus dem allg. Risiko des Straßenverkehrs resultiert. Nach Ansicht des BGH gehört aber ein Verkehrsunfall **bei einer ausschließlich im fremden Interesse liegenden Fahrt** nicht zu den üblichen Begleiterscheinungen dieser Tätigkeit, sodass ein risikotypischer Schaden vorliegt, dessen Ersatzfähigkeit i.R.d. § 670 grds. zu bejahen ist (vgl. dazu **BGH, Life&Law 11/2015, 795 ff.** = NJW 2015, 2880 ff. = **juris**byhemmer).

Ein Anspruch des B gegen A aus § 670 besteht daher.

---

hemmer-Methode: Da mit obiger Begründung gem. § 670 analog auch risikotypische Schäden ersetzt werden, wird bei Mitverschulden des Beauftragten § 254 angewandt.
Beachten Sie auch, dass, wenn Sie einmal die Erforderlichkeit i.S.d. § 670 bejaht haben, auch die Aufwendungen ersetzt werden, die sich später als nutzlos oder unnötig herausstellen.

X. Auftrag
Aufwendungen

SchR-BT II
Karte 77

> Ein Auftrag gem. § 662 hat unentgeltlich zu erfolgen, d.h. dass dem Beauftragten (= Auftragnehmer) für seine Tätigkeit grundsätzlich kein Entgelt zusteht. Allerdings soll er außer seiner Mühe und Zeit auch keine zusätzlichen Opfer erbringen müssen, weshalb ihm nach § 670 seine Aufwendungen zu ersetzen sind und zwar jene, welche er zum Zeitpunkt der Entscheidung (subjektives Element) aus der Sicht eines verständigen Betrachters (objektives Element) für erforderlich halten durfte.

Nachdem A's Auto nicht anspringt, bittet er den Nachbarn B, ihn zum Flughafen zu fahren, da er für einen wichtigen Termin ins Ausland fliegen müsse. Auf dem Weg zum Flughafen kommt B bei spiegelglatter Fahrbahn von der Straße ab. Am Auto entsteht ein Schaden von 1.000,- €. Kann B diese von A ersetzt verlangen?

Juristisches Repetitorium
examenstypisch • anspruchsvoll • umfassend **hemmer**

1. Anspruch aus § 488 I S. 2:

Einem Anspruch aus § 488 I S. 2 **könnte evtl. ein wirksamer Widerruf nach §§ 491, 495 entgegenstehen.** Ein Widerruf hätte zur Folge, dass sich der Darlehensvertrag in ein Rückgewährschuldverhältnis gemäß den §§ 355 III S. 1, 357a umwandelt und die bisherigen Leistungsansprüche erlöschen, § 355 I S. 1. Der sachliche und persönliche **Anwendungsbereich** von §§ 491 I, 13, 14 (lesen!) ist **eröffnet**. Auch von der Einhaltung der Form des § 492 ist auszugehen.

Da die **Zweiwochenfrist der §§ 495, 355 II S. 1 aber bereits verstrichen** ist, kommt ein **wirksamer Widerruf hier nur** noch dann in Betracht, **wenn K evtl. nicht ordnungsgemäß belehrt wurde, vgl. §§ 355 II S. 2, 356b II, 492 II, Art. 247 § 6 II S. 1 EGBGB.**

Dabei ist zu beachten, dass *(1.)* der Darlehensvertrag der Finanzierung des Kaufvertrages diente und *(2.)* die Mitwirkung des V auf Seiten der B als Kreditgeberin hier auf eine wirtschaftliche Einheit hinweist und somit ein **verbundenes Geschäft gem. § 358 III** vorliegt.

In diesem Fall gehört zu den Pflichtangaben nach **§ 492 II i.V.m. Art. 247 § 12 I S. 2 Nr. 2b EGBGB** die **erweiterte Belehrungspflicht über** die **sich aus §§ 358, 359 ergebenden Rechte**, nämlich dass mit dem Widerruf des Darlehensvertrages der Verbraucher auch nicht mehr an den Kaufvertrag gebunden ist. Da dies fehlte, lag keine ordnungsgemäße Belehrung vor und ein Widerruf war noch möglich, da die Widerrufsfrist nicht zu laufen begann, vgl. auch § 355 II S. 2.

Wegen des wirksamen Widerrufs entfällt somit ein Anspruch aus § 488 I S. 2.

2. Anspruch aus § 355 III S. 1:

Die Darlehensvaluta hat nicht der K erlangt, sondern der V.

3. Anspruch aus dem verbundenen Vertrag:

Allerdings regelt **§ 358 IV S. 5**, dass die Rückabwicklung einheitlich über die Bank erfolgen soll, B tritt also gegenüber K hinsichtlich der Rechtsfolgen des Widerrufs in die Rechte und Pflichten des V aus dem Kaufvertrag ein: **B muss dem K die schon gezahlten Raten zurückzahlen, während K das zerstörte Auto Zug um Zug an B herauszugeben hat. B hat zusätzlich einen Anspruch auf Nutzungsentschädigung gem. §§ 358 IV S. 5, 355 III S. 1. Für die Zerstörung haftet K demgegenüber nicht, vgl. §§ 357a II S. 2, 357 VII Nr. 2.**

---

hemmer-Methode: Durchdenken Sie noch einmal den Fall und lesen Sie dazu unbedingt die entsprechenden Vorschriften nach. Insbesondere der Einwendungsdurchgriff gem. § 359 ist bei einem verbundenen Geschäft von entscheidender Bedeutung.

IX. Darlehen

Verbundenes Geschäft

SchR-BT II
Karte 76

Beim verbundenen Geschäft wird der für den Kauf nötige Kredit nicht vom Verkäufer sondern von einer Bank gewährt, die den Kaufpreis direkt an den Verkäufer zahlt, von dem sie auch eingeschaltet wurde. Zwar handelt es sich dabei grds. um selbständige Verträge, §§ 358, 359 („verbundenes Geschäft") stellt den Käufer aber u.U. so, als hätte er den Kredit direkt von dem Verkäufer erhalten. Dies gilt nicht nur für den Kauf, sondern auch für die Erbringung einer anderen Leistung durch einen Unternehmer an einen Verbraucher.

K kauft bei V ein Auto für 40.000,- €, welche von der von V eingeschalteten B-Bank aufgebracht werden. Der Vertrag (monatliche Ratenzahlung à 500,- €) mit der B enthielt die Belehrung, dass K seine auf Abschluss des Darlehensvertrags gerichtete Willenserklärung innerhalb von zwei Wochen widerrufen kann. Als K zwei Monate später das Auto unverschuldet zu Schrott fährt, widerruft er gegenüber B.

Kann B von K die Rückzahlung der noch ausstehenden 39.000,- € verlangen?

Juristisches Repetitorium
examenstypisch • anspruchsvoll • umfassend **hemmer**

1. Anspruch aus § 812 I S. 1 Alt. 1 bzw. § 817 S. 1 auf Rückzahlung der Darlehensvaluta:

a) § 817 S. 1 scheidet von vornherein aus, da dieser **erfordert, dass auch S mit der Annahme gegen die guten Sitten verstoßen hat**. Dies ist bei der Entgegennahme eines wucherischen Darlehens aber nicht der Fall.

b) G könnte aber einen Anspruch aus **§ 812 I S. 1 Alt. 1** haben: da der Darlehensvertrag **wegen Wuchers gem. § 138 II** (und auch nach § 134 BGB i.V.m. § 291 I S. 1 Nr. 2 StGB) **nichtig** ist, leistete G **ohne Rechtsgrund**.

Dem **Rückforderungsbegehren des G** könnte aber **§ 817 S. 2 entgegenstehen**. Zwar hat hier nur der Leistende G und nicht der S als Empfänger sittenwidrig gehandelt, aber **bei einseitigem Sittenverstoß muss § 817 S. 2 erst recht (analog) gelten**. D.h., dass **G das Geleistete nicht zurückverlangen** kann.

Geleistet in diesem Sinne ist aber nur das, was endgültig im Vermögen des Empfängers bleiben soll. **§ 817 S. 2 verhindert** damit nur, dass G die Darlehenssumme **vorzeitig** vor dem vereinbarten Zeitpunkt, also sofort, **zurückverlangen kann**. Danach kann der gewährte Darlehensbetrag **gem. § 812 I S. 1 Alt. 1 nach dem Ablauf der vereinbarten Zeit zurückgefordert** werden.

2. Anspruch auf Zahlung der noch ausstehenden Zinsen aus §§ 812 I S. 1 Alt. 1, 818 I, II:

Ein solcher **Anspruch scheidet an sich wegen § 817 S. 2 aus**.

- *Eine Ansicht* will dem G dennoch ein angemessenes Entgelt zukommen lassen, da § 817 S. 2 nicht vorschreibt, dass S das Darlehen ganz ohne Vergütung erhalten solle; § 817 S. 2 erhielte sonst einen verfehlten Strafcharakter.
- Dem ist aber entgegenzuhalten, dass dann das bewusste Handeln des G für diesen ganz risikolos wäre. Zudem käme man bei der Gewährung des marktüblichen Zinssatzes de facto zu einer geltungserhaltenden Reduktion. Deshalb ist ein **Anspruch des G auch auf die Zinsen abzulehnen** (BereicherungsR, Rn. 452 f.).

G hat demnach gem. § 812 I S. 1 Alt. 1 nach Ablauf der vereinbarten Zeit nur einen Anspruch auf Rückgewähr der Darlehenssumme.

---

hemmer-Methode: Sollte für das Darlehen keine genaue Laufzeit bestimmt sein, stellt sich die Frage, wie lange nun die Rückforderung ausgeschlossen sein soll. Denkbar wäre hier z.B., ausnahmsweise die Kündigung des nichtigen Vertrages mit den gesetzlichen Kündigungsfristen zuzulassen, um so einen Anhaltspunkt für die Überlassensdauer zu erhalten.

IX. Darlehen

Wucherdarlehen

Genauso wie alle anderen Verträge kann auch das Darlehen aufgrund allgemeiner Vorschriften wie den §§ 134, 138 nichtig sein. Dies wirft i.R.d. Rückabwicklung insbesondere im Hinblick auf § 817 Fragen auf.

G gewährt dem S unter bewusster Ausnutzung dessen Zwangslage ein befristetes Darlehen, welches mit 80 % zu verzinsen ist.

Prüfen Sie die Ansprüche G gegen S.

K kann sich **wegen der Mängel mit der Einrede nach § 320 erfolgreich gegen das Zahlungsbegehren des V wehren, wenn** das alte Schuldverhältnis aus § 433 II nicht durch die neue Vereinbarung erloschen ist und mit ihm die entsprechenden Einwendungen des K. Bei der Absprache zwischen K und V handelt es sich nicht nur um eine bloße Stundung, vielmehr wurde auch noch eine Zinszahlungspflicht vereinbart. Damit handelt es sich um eine Abänderung der Schuld gemäß §§ 311 I, 241 I, bei der die bestehende Kaufpreisforderung in ein Darlehen umgewandelt wird. Dieses ist allerdings in drei verschiedenen Formen denkbar:

- Zum einen als **bloße Schuldabänderung,** bei der die **alte Schuld bestehen bleibt und nur inhaltlich zukünftig nach Darlehensrecht abgewickelt wird**, d.h. aber dass die alte Schuld (z.B. § 433 II) wirklich bestanden haben muss. Die Einwendungen aus dem alten Schuldverhältnis, sowie Sicherungsrechte wie Bürgschaft und Pfandrechte bleiben bestehen, somit hätte **K auch weiterhin die Einrede aus § 320**.

- Zum anderen als **kausale Schuldumschaffung,** bei der die **frühere Schuld erlischt und mit ihr die Einwendungen und Sicherungsrechte**, also auch die Mängeleinrede des K. **Voraussetzung** ist aber, dass die **alte Schuld tatsächlich bestand** und ein **beiderseitiger Ersetzungswille** gegeben ist.

- Oder als **abstrakte Schuldumschaffung** (= *Novation*), die durch ein **abstraktes Schuldanerkenntnis** nach §§ 780, 781 zustande kommt. Die **alten Einwendungen und Sicherungsrechte erlöschen** dabei. Voraussetzung ist die Einhaltung der **Schriftform** (Ausnahme: §§ 782 bzw. 350 HGB), nicht aber, dass die alte Schuld wirklich bestanden hat.

Da **hier** keine besonderen Indizien für eine (abstrakte oder kausale) Schuldumschaffung und damit die Aufgabe von Einwendungen bestehen, ist hier von einer **bloßen Schuldabänderung auszugehen,** womit **K dem Zahlungsbegehren des V aus §§ 433 II, 488 bzgl. der 15.000 € erfolgreich die Mängeleinrede gem. § 320 entgegensetzen** kann.

> **hemmer-Methode:** Die Umwandlung der Kaufpreisschuld in eine Darlehensschuld bringt zum Ausdruck, dass nun das Belassen der Schuldsumme beim Schuldner auf Zeit in den Vordergrund gerückt werden soll. Dadurch unterscheidet sie sich auch von der einfachen Kaufpreisstundung.

IX. Darlehen

Vereinbarungsdarlehen

SchR-BT II
Karte 74

Schuldet eine Partei dem Gläubiger Geld und soll dem Schuldner der entsprechende Betrag noch eine Zeit belassen werden, so haben die Parteien die Möglichkeit zu vereinbaren, dass die bisherige Verbindlichkeit nun als Darlehen geschuldet werden soll (Vereinbarungsdarlehen).

K, der bei V für 30.000 € einen Neuwagen gekauft hat, einigt sich nach Zahlungsschwierigkeiten am vereinbarten Datum mit V auf Folgendes: Die noch ausstehenden 15.000 € sollen erst in 2 Monaten fällig, dafür aber mit 2 % p.a. zu verzinsen sein. Als V nach Fälligkeit Zahlung verlangt, weigert sich K mit dem Hinweis auf diverse Mängel des PKW zu zahlen. Wird K damit Erfolg haben?

1. Der Darlehensgeber ist mit Abschluss des Vertrages verpflichtet, dem Darlehensnehmer das Kapital zu verschaffen und auf bestimmte oder unbestimmte Zeit zu überlassen, § 488 I S. 1.

Demgegenüber schuldet der **Darlehensnehmer** die **Rückerstattung des Geldbetrags gemäß § 488 I S. 2** und regelmäßig die Entrichtung der Zinsen gem. **§ 488 I S. 2**.

Zu beachten ist dabei, dass durch die Vereinbarung eines Zinssatzes ein synallagmatischer Vertrag begründet wird, bei der sich die Belassungs- und die Zinszahlungspflicht in einem Gegenseitigkeitsverhältnis gegenüber stehen (nicht aber die Rückerstattungspflicht!). Eine Bearbeitungsgebühr reicht dafür aber nicht aus, da es sich nach dem Grundgedanken hier eher um eine Aufwandsentschädigung handelt.

Bei einem unverzinslichen Darlehen handelt es sich demgemäß um einen unentgeltlichen Vertrag.

2. Als Lösungsmöglichkeiten kommen die Kündigung gemäß §§ 489, 490 und der Rücktritt gemäß § 321 II S. 2 in Betracht

- Sowohl der Darlehensgeber als auch der Darlehensnehmer können bei einem auf **unbestimmte Zeit geschlossenen Darlehen** gemäß **§ 488 III** ordentlich kündigen. Ist für das Darlehen ein **fester Zeitraum** vereinbart, kann der **Darlehensgeber nicht ordentlich kündigen**. Der **Darlehensnehmer** kann aber nach Maßgabe des **§ 489 ordentlich kündigen**.

- Das **außerordentliche Kündigungsrecht** ist im Darlehensvertrag in **§ 490** geregelt. Danach bestehen folgende Kündigungsrechte: Gemäß **§ 490 I** kann der **Darlehensgeber** bei einer bereits eingetretenen oder erst drohenden Vermögensverschlechterung beim Darlehensnehmer kündigen. Gemäß **§ 490 II** besteht ein besonderes außerordentliches Kündigungsrecht **des Darlehensnehmers** bei grundpfandrechtlich gesicherten Darlehen. Wenn diese besonderen außerordentlichen Kündigungsrechte nicht eingreifen, muss das **allgemeine Kündigungsrecht aus wichtigen Grund** gemäß den **§§ 490 III, 314** geprüft werden.

- Ein **Rücktritt ist nach § 321 II S. 2 nur dann möglich, wenn** es sich um ein **verzinsliches Darlehen** handelt und somit die §§ 320 ff. anwendbar sind, **es sei denn** eine Partei hat sich den **Rücktritt gem. § 346 ausdrücklich vorbehalten**.

---

hemmer-Methode: Zu einer außerordentlichen Kündigung berechtigende Gründe können z.B. die schuldhafte Zerrüttung eines bei Vertragsabschluss bestehenden Vertrauensverhältnisses oder bei einem Gefälligkeitsdarlehen der dringende Eigenbedarf darstellen; einer Abmahnung wird es i.d.R. aber nicht bedürfen.

IX. Darlehen
Pflichten und Rücktritt

SchR-BT II
Karte 73

> § 490 eröffnet, wie schon gesehen, dem Darlehensgeber die Möglichkeit, das Darlehensversprechen außerordentlich zu kündigen und bildet damit ähnlich wie § 321 einen Spezialfall der Störung der Geschäftsgrundlage. Es handelt sich also um Sonderregeln zu § 313.

Welche Pflichten beinhaltet der Darlehensvertrag für die Parteien und welche Möglichkeiten gibt es, sich von dem Vertrag zu lösen?

Es handelt sich hierbei um einen sog. **„Krediteröffnungsvertrag"** für dessen Zusage allein der Kreditnehmer neben den Zinsen noch eine Bereitstellungsprovision schuldet.

Diese Einigung ist nicht nur ein **Vorvertrag, sondern der Darlehensvertrag selbst** bzw. wenn wie hier nur eine Höchstgrenze angegeben ist- ein **Rahmenvertrag mit Darlehenscharakter** zu sehen. Es kommen also nicht viele einzelne Darlehensverträge, sondern ein Krediteröffnungsvertrag als Rechtsgrund zustande, der den Kreditgeber G auch schon bindet und das Gestaltungsrecht des N als Kreditnehmer eröffnet. Die einzelnen durch Abruf begründeten Kreditverhältnisse werden dann durch den Rahmenvertrag näher konkretisiert.

Fraglich ist, ob G aufgrund der Vermögensverschlechterung bei N gem. § 490 I außerordentlich kündigen kann. § 490 I ist auch für das durch den Krediteröffnungsvertrag begründete Dauerverhältnis grds. im Ganzen anwendbar. **Mit der Kündigung entfiele dann der Anspruch auf Auszahlungen der weiteren Darlehensteile.** Für die noch nicht ausbezahlten Darlehensteile ist diese Kündigung „im Zweifel" stets wirksam.

Hier ist aber die **Besonderheit** zu beachten, dass **bereits 10.000 € an N ausgezahlt** wurden. Soweit also eine Valutierung erfolgt ist, ist die Kündigung nach § 490 I nur **in der Regel fristlos** möglich. Es ist daher eine Gesamtwürdigung aller Umstände vorzunehmen. Aus dem Wortlaut „in der Regel" ergibt sich aber, dass im Normalfall das Interesse des Darlehensgebers an der Kündigung überwiegt. Nach der Kündigung muss der Darlehensnehmer das Darlehen gemäß § 488 I S. 2 zurückzahlen.

---

hemmer-Methode: Bei einem „Bar-Darlehen" geht der spätere Rückerstattungsanspruch gem. § 488 I S. 2 nicht nur auf Besitzverschaffung, sondern auf Übereignung, da dem Darlehensnehmer vorher ja auch das Eigentum übertragen wurde, damit ihm die vorübergehende Nutzung ermöglicht werden konnte. Eine Miete oder Leihe würde ihm demgegenüber nur ein Recht zum Besitz geben. Der Satz „Leih´ mir mal fünf Euro" ist daher unzutreffend, aber nach der Lehre der „falsa demonstratio non nocet" eine unschädliche Falschbezeichnung: Es handelt sich dabei nämlich nicht um eine Leihe, sondern um ein Darlehen, was auch übereinstimmend gewollt war.

IX. Darlehen

Arten; Verbraucherdarlehen

SchR-BT II
Karte 72

> Nach dem BGB ist zwischen Gelddarlehen, §§ 488 ff., und Sachdarlehen, §§ 607 ff. zu unterscheiden. Ein Darlehensvertrag kommt aufgrund des Wortlauts des § 488 bereits mit dem Vertragsschluss wirksam zustande.

N einigt sich mit der Bank G, dass diese ihm in Teilbeträgen ein verzinsliches Darlehen bis zur Höhe von insgesamt 100.000 € gewähren soll, wobei N die jeweilige Höhe und den Zeitpunkt der Auszahlung je nach Bedarf selbst bestimmen können soll. Um was für eine Art Vertrag handelt es sich hier genau?

Kann G noch vom Vertrag Abstand nehmen, wenn in den Vermögensverhältnissen des N eine wesentliche Verschlechterung eingetreten ist und bereits 10.000 € ausgezahlt wurden?

Juristisches Repetitorium
examenstypisch • anspruchsvoll • umfassend **hemmer**

1. Zwar stellt die **Bürgschaft keinen Kreditvertrag i.S.d. §§ 491, 506** dar, da der Bürge zum einen selbst nur eine Leistungspflicht übernimmt und nicht berechtigt ist, Leistung an sich zu fordern, somit den entgeltlichen Kredit nicht in Anspruch nimmt und zum anderen das die §§ 491 ff. auch nicht die Beteiligung Dritter auf Seiten des Verbrauchers regelt. Andererseits ist zu sagen, dass im Vergleich zum Schuldbeitritt der Bürge gerade noch schutzbedürftiger ist, da er regelmäßig im Interesse anderer handelt.

Gegen die **Anwendbarkeit** der §§ 491 ff. spricht aber, dass die **Bürgschaft ein einseitig verpflichtender Vertrag zur Absicherung einer fremden Schuld**, somit ein Kreditsicherungsmittel ist, wohingegen unter §§ 491 ff. entgeltliche Kreditverträge fallen (vgl. Wortlaut). Allein die Schutzbedürftigkeit, die insbesondere die Einbeziehung des Schuldbeitritts bewirkte, kann nicht zur Anwendbarkeit führen, da der wesentliche Unterschied der Bürgschaft ihre strenge Akzessorietät zur Hauptschuld ist, die schon einen ordentlichen Schutz des Bürgen gewährleistet, wobei er durch das Schriftformerfordernis des § 766 S. 1 auch noch hinreichend gewarnt wird. Ebenso kann als Argument hinzugezogen werden, dass für eine analoge Anwendung gar kein Raum besteht, als i.R.d. Gesetzgebungsverfahren über die Problematik der Einbeziehung der Bürgschaft gesprochen wurde, aber sich im Gesetz dennoch keine entsprechende Regelung finden lässt.

2. Gegen die **Anwendbarkeit** des **§ 312b** könnte der **einseitig verpflichtende Charakter der Bürgschaft** (vgl. auch oben) sprechen und das **Nichtvorliegen eines entgeltlichen Vertrags i.S.d. § 312 I S. 1**, da z.B. die Auszahlung des Darlehens keine Gegenleistung darstellt. **Andererseits ist der Verbraucher, der keine Gegenleistung erhält, erst recht schutzbedürftig.** Beim Bürgen besteht zudem ebenso die **Gefahr der Überrumpelung**, wie bei den von § 312b bereits erfassten Fällen. Darüber hinaus ist zu beachten, dass **§ 312b auf Bürgschaften** dann **anzuwenden** ist, **wenn der Bürgschaft ein Verbraucherkredit zugrunde liegt**. Maßgebend ist also die Person des Hauptschuldners.

Nach veralteter Ansicht mussten (wegen der Akzessorietät der Bürgschaft) auch für die zu sichernde Forderung die Voraussetzungen des § 312b vorliegen.

Inzwischen hat der für das Bürgschaftsrecht zuständige **XI. Senat** in seiner Entscheidung vom 10.01.2006 **diese verfehlte Rechtsprechung aufgegeben (BGH, Life&Law 03/2006, 149 [157]** = NJW 2006, 845 ff.). Der Bürgschaftsvertrag begründet ein eigenes Schuldverhältnis und unter den Voraussetzungen des § 312b ein eigenes Widerrufsrecht des Bürgen (vgl. § 312g). Die Akzessorietät der Bürgschaft macht die Begründung eines eigenen Widerrufsrechts des Bürgen nicht von der Verbrauchereigenschaft des Hauptschuldners abhängig. Die Akzessorietät soll den Bürgen nämlich schützen und nicht benachteiligen. Der Bürge, der sich außerhalb von geschlossenen Geschäftsräumen für einen gewerblichen Zwecken dienenden Kredit verbürgt, darf nicht schlechter stehen als derjenige, der in einer solchen Situation den Kreditvertrag als Mithaftender unterzeichnet.

VIII. Bürgschaft

Widerrufsrecht bei Bürgschaften durch Verbraucher

SchR-BT II
Karte 71

Während auf einen Schuldbeitritt die §§ 491 ff. nach h.M. grundsätzlich Anwendung finden kann, ist das für die Bürgschaft sehr strittig. Nach wohl h.M. (auch nach EuGH) ist eine Anwendbarkeit der Verbraucherkreditvorschriften auf die Bürgschaft abzulehnen.

Ebenso kontrovers wird die Anwendbarkeit der §§ 312b, 312g diskutiert, wenn die Bürgschaft z.B. in den Privaträumen des Bürgen zustande kam.

Sammeln Sie jeweils Argumente, die für und gegen die Anwendbarkeit der §§ 491 ff. und § 312b sprechen.

1. Die _Nachbürgschaft_ **sichert** nicht die Forderung des Gläubigers gegen den Hauptschuldner, sondern die **Forderung des Gläubigers gegen den (Vor-) Bürgen.** Das bedeutet aus der Sicht des Gläubigers, dass ihm _zwei Bürgschaften hintereinander geschaltet_ zustehen: Wenn der Vorbürge nicht leistet, kann er sich an den Nachbürgen halten.

- **Befriedigt der Nachbürge den Gläubiger, so gehen dessen Bürgschaftsansprüche gegen den Vorbürgen und dessen Forderung gegen den Hauptschuldner gem. § 774 I S. 1 auf den Nachbürgen über** (und ggf. Anspruch auf Aufwendungsersatz gem. § 670 gegen den Vorbürgen aus dem Innenverhältnis).

2. Die _Rückbürgschaft_ **sichert** ebenfalls nicht die Hauptforderung des Gläubigers, sondern **den künftigen** (§ 765 II) **Rückgriffsanspruch** des Hauptbürgen gegen den Hauptschuldner.

- **Befriedigt der Rückbürge den Hauptbürgen, so erwirbt er dessen Innenforderung gegen den Hauptschuldner sowie die dazugehörige auf den Hauptbürgen übergegangene Hauptforderung über § 774 I S. 1** (a.A.: ausdrückliche Abtretung erforderlich).

3. Die _Ausfallbürgschaft_ stellt quasi eine Art **Gegenstück zur selbstschuldnerischen Bürgschaft** dar. Sie lässt nämlich **nicht** wie diese die **Einrede der Vorausklage entfallen, sondern verstärkt vielmehr die Stellung des Bürgen.** Es ist hier eine vom Gläubiger zu beweisende **Anspruchsvoraussetzung**, dass dieser die Leistung vom Hauptschuldner trotz sorgsamen Vorgehens nicht (auch nicht aus einer sonstigen Sicherheit) hat erhalten können und so einen **Ausfall erlitten** hat. Beruht der Ausfall auf Nachlässigkeit, kann der Bürge die Zahlung verweigern.

4. Normalerweise braucht der Bürge nicht zu leisten, solange der Hauptschuldner nicht zur Leistung verpflichtet ist. Bei der _Bürgschaft auf erstes Anfordern_ muss der **Bürge aber schon dann zahlen, wenn der Bürgschaftsfall laut Gläubiger eingetreten ist**, da diese Bürgschaftsart dem Gläubiger sofort liquide Mittel zur Verfügung stellen soll, d.h. bei Verbürgung für eine fällige Forderung reicht die Behauptung der Fälligkeit. _Abwehren_ kann der Bürge seine Inanspruchnahme _nur bei offensichtlich rechtsmissbräuchlichem Verhalten_. Die Akzessorietät zeigt sich hier erst bei den Regressansprüchen, die der Bürge hat, falls eine Zahlungspflicht des Hauptschuldners nicht bestand.

> **hemmer-Methode:** Beachten Sie bei der Bürgschaft auf erstes Anfordern, dass deren Übernahme durch AGB nach Ansicht des BGH gemäß § 307 unwirksam ist.

VIII. Bürgschaft
Sonderformen der Bürgschaft

SchR-BT II — **Karte 70**

Neben der „normalen" Bürgschaft gibt es auch noch gewisse Sonderformen, die sich in Einzelheiten anders gestalten. Hier sind neben der Mitbürgschaft unter anderem die Nach-, die Rück-, die Ausfallbürgschaft und die Bürgschaft auf erstes Anfordern zu nennen.

Erklären Sie die Begriffe der Nach-, Rück-, Ausfallbürgschaft sowie der Bürgschaft auf erstes Anfordern und stellen Sie bei den ersten beiden den Rückgriff bei Befriedigung des Gläubigers durch den Nach- bzw. Rückbürgen dar.

1. Sollte die **Klage des G gegen S rechtskräftig abgewiesen** werden, so wirkt dieses **Urteil auch zugunsten des B**. Es liegt hier ein Fall der (gesetzlich nicht geregelten) **Rechtskrafterstreckung wegen materiell-rechtlicher Abhängigkeit** vor (KreditsicherungsR, Rn. 227 ff.), welche **von Amts wegen zu berücksichtigen** ist. Dafür spricht auch die Akzessorietät von Hauptschuld und Bürgenverbindlichkeit nach § 767 I S. 1.

Eine a.A. hält die Vorschriften über die Rechtskrafterstreckung (§§ 325 ff. ZPO) nicht für erweiterungsfähig, kommt aber zum gleichen Ergebnis, indem sie dem Gläubiger für den Folgeprozess gegen den Bürgen das Rechtsschutzbedürfnis abspricht, da er bereits rechtliches Gehör gefunden hat, vgl. ZPO I, Rn. 564.

2. Wenn dagegen die **Klage des G gegen S Erfolg** haben sollte, wirkt dieses **Urteil nicht zu Lasten des B**, da sich die **materielle Rechtskraft gem. § 322 I ZPO des vorangegangen zuerkennenden Urteils auf dieses beschränkt** und nur das aberkennende Urteil absolute Wirkung entfaltet (KreditsicherungsR, Rn. 228).

Etwas anderes ergibt sich nur dann, wenn es sich um eine Prozessbürgschaft handelt, da diese ja gerade einen vorläufig vollstreckbaren Anspruch gegen den S sichern soll. Es wäre sinnwidrig, wenn B sich im Prozess des G gegen B auf Erfüllung der Bürgschaftsverbindlichkeit wehren könnte, indem er behauptet, die Hauptverbindlichkeit bestünde gar nicht: B muss hier ausnahmsweise das zuerkennende Urteil G gegen S gegen sich gelten lassen.

> **hemmer-Methode:** Sollte G zunächst den B verklagen, was bei einer selbstschuldnerischen Bürgschaft möglich ist, würde das Urteil grundsätzlich keine Auswirkungen gegenüber S haben. Allerdings ist dem B zu raten, dem S den Streit zu verkünden gem. §§ 72 ff., 74 III, 68 ZPO, um sich bei einem eventuellen Unterliegen den Rückgriff gegen S zu sichern. Die Feststellungen, die das Gericht im Prozess G gegen B trifft, muss S nämlich im eventuellen Folgeprozess des B gegen S auf Regressleistung gem. §§ 74, 68 ZPO gegen sich gelten lassen, da das spätere Gericht dann an die Feststellungen des Vorgerichts gebunden ist (ZPO I, Rn. 485 ff., Rückgriffsansprüche, Rn. 86).

VIII. Bürgschaft
Urteilswirkung

SchR-BT II
Karte 69

> Für die beteiligten Personen ist es in Streitfällen praktisch relevant, ob und wie sich ein im Prozess des Gläubigers gegen den Hauptschuldner ergangenes Urteil auf einen späteren Prozess des Gläubigers gegen den Bürgen auswirkt. Für Sie wiederum kann es i.R.d. mündlichen Prüfung oder als prozessualer Anhang einer Klausur von Interesse sein.

Der Bürge B kommt zu Ihnen und fragt Sie, ob der Ausgang der Klage des Gläubigers G gegen den Hauptschuldner S ihm gegenüber irgendwelche Auswirkungen hat und wenn ja, welche.

Können Sie ihm helfen?

1. Einem **Ausgleichsanspruch** des B gegen X nach §§ 774 II, 426 I **könnte entgegenstehen**, dass B **bisher nur eine Teilleistung i.H.v. 4.000 € erbracht** hat, da Gesamtschuldner untereinander grundsätzlich nur dann ausgleichsberechtigt sind, wenn sie mehr geleistet haben, als sie im Innenverhältnis verpflichtet sind (Rückgriffsansprüche, Rn. 289).

Bei Mitbürgen ist hier aber eine Ausnahme zu machen, da dem zahlenden Mitbürgen nicht zuzumuten ist, zu warten bis feststeht, ob der G die Bürgen weiter in Anspruch nehmen wird. Anders ist es nur wiederum, wenn definitiv klar ist, dass S zahlungsunfähig ist und bleibt: dann gilt wieder der unter Gesamtschuldnern bestehende Grundsatz (Rückgriffsansprüche, Rn. 532 f.).

Folglich kann B von X Regress i.H.v. 2.000 € verlangen. (*Achtung:* nicht die ganzen 4.000 €, da sie untereinander nur kopfteilig haften!)

2. Grundsätzlich sind Mitbürgen untereinander zu gleichen Teilen verpflichtet, womit **M im Normalfall sowohl von G als auch von H nur jeweils 3.000 € gem. §§ 774 II, 426 I, II verlangen könnte.** Hier ist **aber** zu beachten, dass **G und H als Gesellschafter für die Gesellschaft selbst eine Bürgschaft übernehmen.** Wäre M nicht als Bürge beteiligt gewesen, müsste man mangels anderer Vereinbarung annehmen, dass die beiden untereinander im Verhältnis ihrer Anteile an der Gesellschaft haften. Nun hat sich aber auch M als Nicht-Gesellschafterin mitverbürgt und gezahlt, obwohl sie selbst im Gegensatz zu G und H keine Vorteile aus der Bürgschaft zieht. Damit ist anzunehmen, dass **M im Innenverhältnis nicht belastet werden soll und sie von G und H jeweils Ausgleich i.H.v. 4.500 € verlangen kann, wenn beide jeweils zur Hälfte an der Gesellschaft beteiligt sind.**

---

hemmer-Methode: Verwechseln Sie die Mitbürgschaft nicht mit der Teilbürgschaft. Bei Letzterer sichert jeder Bürge nur einen Teilbetrag der Hauptverbindlichkeit, § 769 gilt nicht (vgl. KreditsicherungsR, Rn. 334).

Machen Sie sich noch einmal die Regressmöglichkeiten des zahlenden Mitbürgen klar: Einerseits kann er gegen den Schuldner aus § 774 I S. 1 i.V.m. der Hauptforderung vorgehen bzw. evtl. aus dem zugrunde liegenden Auftrag nach § 670 (Merke: § 774 II regelt nur das Verhältnis der Bürgen untereinander!), andererseits je nach dem Innenverhältnis der Mitbürgen untereinander gegen die anderen Bürgen nach §§ 769, 774 II, 426 II S. 1, I, 412, 401. Dabei hat die Verweisung auf § 426 nicht nur die Funktion, die cessio legis der Höhe nach zu begrenzen. Vielmehr besteht ein eigenständiger Anspruch aus § 426 I, vgl. dazu BGH, Life&Law 07/2012, 483 ff.

VIII. Bürgschaft
Ausgleich zwischen Mitbürgen

SchR-BT II
Karte 68

> Bei einer Mitbürgschaft verbürgen sich mehrere für dieselbe Verbindlichkeit. Wenn sie diese Bürgschaft schon nicht gemeinschaftlich übernehmen, so erstreckt § 769 ihre gesamtschuldnerische Haftung auch für den Fall, dass sie sich unabhängig und ohne Wissen voneinander verbürgt haben. Somit kann der Gläubiger jeden Mitbürgen auf die gesamte Leistung in Anspruch nehmen, vgl. § 421.

1. **B und X haben sich gemeinsam für die Schuld des S bei G i.H.v. 10.000 € verbürgt. Nachdem B von G nach Zahlungsschwierigkeiten des S schon einmal i.H.v. von 4.000 € in Anspruch genommen wurde, begehrt er von X Ausgleich. Zu Recht?**
2. **Für eine Schuld der Y-GmbH (9.000 €) verbürgen sich die Gesellschafter G und H, sowie die Hausfrau und Mutter M des G. M zahlt später den vollen Betrag. In welcher Höhe kann sie von H und G Regress verlangen?**

Juristisches Repetitorium
examenstypisch · anspruchsvoll · umfassend **hemmer**

1. Anspruch aus § 774 I 1

Ein direkter Anspruch des B gegen D aus § 774 I S. 1 könnte sich **nur** dann ergeben, wenn man annehmen könnte, dass sich **B auch für dessen Schuld verbürgen wollte**. Da **D aber erst später hinzutrat, ist das hier abzulehnen.**

2. Anspruch aus § 774 I S. 1 i.V.m. §§ 412, 401 analog

Grundsätzlich hat B durch die Zahlung die Kaufpreisforderung gem. § 433 II des G gegen S erworben, § 774 I 1. Die **Forderung des G gegen D würde dem B damit aber nicht automatisch zustehen, da der Schuldbeitritt gem. §§ 241 I, 311 I kein Nebenrecht i.S.d. § 401 darstellt.** Diese Forderung würde damit erlöschen.

Fraglich ist aber, ob hier nicht eine **analoge Anwendung** geboten ist.

Dafür spricht, dass bei einer Befriedigung des G durch D auf diesen gem. §§ 426 II i.V.m. 412, 401 auch die Bürgschaft als Sicherheit übergehen würde. Ohne eine wertungsmäßige Korrektur stünde der Schuldbeitretende somit besser als der Bürge: D könnte B in vollem Umfang in Anspruch nehmen, während B dies andersherum verwehrt bliebe. Andererseits handelt es sich bei der Bürgschaft um ein besonders risikoreiches Geschäft. Dies zeigt sich auch darin, dass bei Abgrenzungsschwierigkeiten zwischen Schuldbeitritt und Bürgschaft im Zweifel zum Schutz des Bürgen im Hinblick auf das Formerfordernis des § 766 S. 1 Bürgschaft angenommen wird und ihm damit u.a. auch § 771 zugute kommt. Dieses Vorgehen ließe sich aber dann nicht mehr rechtfertigen, wenn sich dies nachher zum Nachteil des B entwickeln würde.

Aus diesem Grund erwirbt auch der B nach Erfüllung der Bürgenschuld gem. §§ 774, 412, 401 analog die Forderung des G gegen D als Nebenrecht und kann analog §§ 774 II, 426 hälftigen Ausgleich verlangen.

hemmer-Methode: Sehen Sie die Parallele zu vorigem Fall? Auch hier versucht man, durch Wertungsgesichtspunkte zu einem gerechten Ausgleich zu kommen. Beachten Sie aber, dass auch hier abweichende (auch stillschweigende) Individualvereinbarungen Vorrang haben.

VIII. Bürgschaft

Regress: Bürgschaft und Gesamtschuld

SchR-BT II
Karte 67

Ein Bürge kann sowohl für einen als auch für alle Gesamtschuldner einer Forderung eine Bürgschaft übernehmen. Im ersten Fall richtet sich ein möglicher Ausgleichsanspruch gegen die übrigen Gesamtschuldner dann danach, inwieweit der, für den der Bürge sich verbürgt hat, bei den anderen hätte Ausgleich suchen können. Maßgeblich ist also das Innenverhältnis der Gesamtschuldner. Ein Sonderproblem liegt dann vor, wenn eine Gesamtschuld erst durch einen sichernden Schuldbeitritt entsteht.

S kauft bei G eine antike Kommode. Die Kaufpreisforderung des G gegen S wird zunächst nur durch eine Bürgschaft des B, später auch noch durch einen Schuldbeitritt des D gesichert. B zahlt nach Zahlungsunfähigkeit des S.

Kann er von D Regress verlangen?

Juristisches Repetitorium
examenstypisch • anspruchsvoll • umfassend **hemmer**

E hat durch die Befriedigung des G gemäß §§ 1142, 1143 I die Forderung gegen S aus § 488 I S. 2, gesichert durch die Bürgschaft, die gem. §§ 412, 401 mit übergeht, erlangt und könnte somit grundsätzlich vollen Regress gem. § 765 I i.V.m. §§ 1143 I, 412, 401 verlangen.

Hätte B andererseits gezahlt, hätte dieser wiederum die Forderung gegen S gesichert durch die Hypothek erlangt, vgl. §§ 774 I S. 1, 412, 401 und könnte seinerseits E voll in Anspruch nehmen. Demnach scheint der Sicherungsgeber am besten zu stehen, der den Gläubiger am schnellsten befriedigt.

Da dies ungerecht erscheint, könnte man - solange keine vorrangige anderweitige Vereinbarung besteht - einen **Ausgleich gem. §§ 774 II, 426 analog** heranziehen, womit jeder zu gleichen Teilen haftet und E von B damit nur die Hälfte verlangen kann. Möglicherweise ist eine Zahlungspflicht des B aber dann abzulehnen, wenn man ihn als privilegiert ansieht.

- Nach **e.A. ist der Bürge privilegiert,** was insbesondere mit der **Regelung des § 776** (lesen!) begründet wird, der eine Besserstellung des Bürgen gegenüber anderen Sicherungsgebern zum Ausdruck bringe. Auch in §§ 768 II, 770 und 771 zeige das Gesetz die **besondere Schutzbedürftigkeit des Bürgen.** Dies sei auch angemessen, da der Bürge schließlich unbegrenzt mit seinem ganzen Vermögen hafte, während sich die Haftung des E auf das Sicherungsgut beschränke und der Bürge überdies meist aus uneigennützigen Motiven handle. Im Innenverhältnis entfiele damit eine Haftung des B.
- **Der BGH ist dagegen** der Ansicht, dass **auch E aus altruistischen Motiven handelt** und ebenso ein Grundstück nahezu das gesamte Vermögen ausmachen kann (wenn auch E in seinem weiteren Erwerb unbelastet wäre). Im Hypothekenrecht gibt es zudem ebenfalls Regelungen, die E die Einreden des persönlichen Schuldners zukommen lassen (vgl. § 1137 I, II mit § 768 I, II!). Das schlagkräftigste Argument ist aber, dass § 776 lediglich etwas über das Verhältnis zwischen B und G aussagt, aber keine Stellung hinsichtlich des Verhältnisses der Sicherungsgeber untereinander bezieht. Eine Privilegierung erfolgt also lediglich im Außenverhältnis zu G.

Folglich ist eine allgemeine Privilegierung des B abzulehnen. E kann von B hälftigen Ausgleich nach §§ 765 I, 1143 I, 412, 401 i.V.m. §§ 774 II, 426 analog verlangen.

---

hemmer-Methode: Wenn statt der Hypothek eine Grundschuld besteht, müssen Sie beachten, dass es sich hierbei nur um ein nicht akzessorisches Sicherungsmittel handelt und andere Sicherungsmittel nicht automatisch übergehen. Es besteht nur ein schuldrechtlicher Anspruch auf Abtretung aus der Sicherungsabrede.

Warum verweist übrigens § 1143 I S. 2 nur auf § 774 I, § 1225 aber auf den ganzen § 774?

Antwort: Eine Verweisung auf Abs. II ist bei der Hypothek nicht nötig, da der entsprechende Fall die Gesamthypothek nach § 1132 I darstellt.

VIII. Bürgschaft

Regress: Wettlauf der Sicherungsgeber

SchR-BT II
Karte 66

> I.R.d. Regresses können sich Probleme ergeben, wenn für eine Forderung verschiedene, aber auf gleicher Stufe stehende Sicherheiten bestehen (Bsp.: Bürgschaft und Grundschuld bzw. Bürgschaft und Hypothek). Fraglich ist dann, inwieweit der zahlende Sicherungsgeber von dem anderen Ausgleich verlangen kann. Hier müssen Sie als klassisches Problem den sog. **„Wettlauf der Sicherungsgeber"** kennen.

Die G-Bank hat dem S ein Darlehen gewährt, das E durch eine Hypothek an seinem Haus und B durch eine Bürgschaft absichert. Als S zahlungsunfähig wird, zahlt E und will nun von B Regress.

Zu Recht?

1. Anspruch aus §§ 774 I S. 1 i.V.m. 433 II:

Mit der Zahlung an G ging der **Anspruch des G gegen S aus § 433 II auf B über gem. § 774 I S. 1** und B könnte somit von S Regress in Höhe von 1.000 € nehmen. Allerdings gehen mit diesem Forderungsübergang die ursprünglich dem S gegen G zustehenden **Einwendungen** (i.w.S.) **nicht verloren, sondern stehen ihm nun gem. §§ 412, 401, 404 gegen B weiterhin zu** (dieser wiederum erhält gem. §§ 412, 401 auch die für die Forderung bestehenden Sicherheiten). S kann sich daher wegen §§ 195, 199 **auf die Einrede der Verjährung nach §§ 214 I, 421, 404 berufen.**

2. Anspruch aus § 670:

Möglicherweise ergibt sich aber ein **Regressanspruch aus** dem der Bürgschaftsübernahme zugrunde liegenden **Auftrag gem. §§ 662 ff.** (von einem entsprechenden Rechtsbindungswillen ist auszugehen).

Gem. § 670 kann B die Aufwendungen (= die 1.000 €) dann ersetzt verlangen, wenn er sie „den Umständen nach für erforderlich halten durfte". Das könnte insoweit zweifelhaft sein, da B die Einrede der Verjährung über § 768 I S. 1 ebenfalls zugestanden hätte und er sich darauf berufen und somit die Zahlung hätte verweigern können.

Entscheidend ist daher, ob dem B die Nichtgeltendmachung des § 768 I S. 1 vorzuwerfen ist. Dies ist in diesem Fall **zu verneinen,** da es grundsätzlich **Sache des S** wäre, den **B über den Lauf der Verjährungsfrist aufzuklären** und ihm evtl. eine entsprechende Weisung (vgl. § 665) zu geben. Der **Anspruch aus § 670 unterliegt auch keiner abgekürzten Verjährung, sondern entsteht erst mit der Leistung des B. B kann daher von S die 1.000 € über § 670 ersetzt verlangen.**

---

hemmer-Methode: Sie sehen also, dass es durchaus von Bedeutung ist, dass dem B zwei Wege des Regresses offen stehen (wobei er zwischen beiden die Wahl hat) und Sie die beiden unterscheiden müssen. Vorliegende Lösung ist auch deshalb für B relevant, da er das Geleistete nicht mehr nach § 813 I S. 1 herausverlangen kann, vgl. §§ 813 I S. 2, 214 II.

Die Bürgschuld selbst unterliegt der Regelverjährung gem. § 195, auch wenn die Hauptverbindlichkeit einer kürzeren Verjährung unterliegt. Die Erhebung der Verjährungseinrede über § 768 I S. 1 wirkt sich praktisch aber so aus, als sei die Bürgschaftsschuld selbst verjährt (KreditsicherungsR, Rn. 219 ff.).

VIII. Bürgschaft

Regress: Zahlung auf verjährte Kaufpreisforderung

SchR-BT II — Karte 65

Der zahlende Bürge hat regelmäßig ein Interesse daran, beim Schuldner Regress zu nehmen. Einerseits geht mit seiner Leistung an den Gläubiger im Wege der cessio legis gem. § 774 I S. 1 die Forderung des Gläubigers gegen den Schuldner auf ihn über. Andererseits darf man auch nicht das Innenverhältnis zwischen Bürgen und Schuldner außer Acht lassen, das regelmäßig auch noch eine Rückgriffsmöglichkeit eröffnet, z.B. § 670 beim Auftrag.

B verbürgt sich auf die Bitte des S hin selbstschuldnerisch für eine Kaufpreisforderung des Kaufmanns G gegen S in Höhe von 1.000 € vom 11. November 2015. Ende Februar 2019 nimmt G den B aus der Bürgschaft in Anspruch, woraufhin der B auch zahlt.

Kann B bei S Regress nehmen?

1. Zunächst ist zum Verständnis **zwischen den Einwendungen und den Einreden des Bürgen gegen die Inanspruchnahme durch den Gläubiger zu unterscheiden.** Des Weiteren ist zwischen solchen direkt aus der Bürgenverpflichtung und solchen, die erst aufgrund der Akzessorietät zur Hauptverbindlichkeit dem Bürgen zugute kommen, zu differenzieren.

a) Einwendungen

- **Rechtsvernichtende Einwendungen**, die *aus dem Bürgschaftsvertrag* selbst resultieren, sind die **erklärte Anfechtung (§ 142 I)** und die **erklärte Aufrechnung durch den Bürgen selbst (§ 389).**

    Dies dürfen Sie nicht verwechseln mit der Anfechtung und Aufrechnung durch den Hauptschuldner selbst!

- **Rechtsvernichtende Einwendungen**, die *aus der Hauptverbindlichkeit* über § 767 I S. 1 folgen, sind z.B. der **Rücktritt vom Kaufvertrag**, bzw. die **erklärte Aufrechnung oder Anfechtung durch den Hauptschuldner.**

b) Einreden

- **Einreden des Bürgen** direkt *aus dem Bürgschaftsvertrag* sind **z.B.** die Einrede der Verjährung, Einreden aus der Bürgenschuld selbst, die Einrede der Stundung und die Einrede der Vorausklage gem. § 771.
- **Einreden des Hauptschuldners und die Möglichkeit des Hauptschuldners, Gestaltungsrechte auszuüben, stehen dem Bürgen dagegen erst über §§ 768, 770 I, II (direkt und analog) als Einrede zu.**

2. Ein Regressanspruch des B kommt ja regelmäßig erst dann in Betracht, wenn er bereits auf seine Bürgenschuld hin gezahlt hat. Für den B viel angenehmer wäre es aber natürlich, wenn er gar nicht erst auf den Regress angewiesen wäre, sondern bei Inanspruchnahme durch den Gläubiger einen **Befreiungsanspruch** gegenüber dem S geltend machen könnte, er also erst gar nicht zahlen müsste. Dieser könnte ihm **über §§ 670, 257** zustehen. Allerdings **müsste S dann seine Schuld gegenüber G erfüllen, was dem Sinn der Bürgschaftsübernahme widerspräche. Aus diesem Grund gewährt das Gesetz dem B einen Befreiungsanspruch nur unter den Einschränkungen des § 775.**

> hemmer-Methode: Aus demselben Grund muss neben einem grds. Befreiungsanspruch auch ein Anspruch des B gegen S auf Gewährung eines Vorschusses gem. § 669 ausgeschlossen sein.

VIII. Bürgschaft

Übersicht / Befreiungsansprüche des Bürgen

SchR-BT II — Karte 64

1. Stellen Sie noch einmal abschließend beispielhaft die Einwendungen und Einreden des Bürgen gegen die Inanspruchnahme durch den Gläubiger dar.

2. Bevor wir zu den Regressansprüchen des Bürgen kommen: Hat der Bürge eventuell sogar einen Befreiungsanspruch gegen den Hauptschuldner?

1. Ist der Käufer vom Kaufvertrag gemäß den §§ 437 I Nr. 2, 440, 323 bereits zurückgetreten, ist der zu sichernde **Kaufpreisanspruch** durch die Umwandlung in ein Rückgewährschuldverhältnis gem. §§ 346 ff. **erloschen**. Damit **scheitert der Anspruch des G an der Akzessorietät gem. §§ 767 I S. 1, 765.**

2. Ist ein Rücktritt gemäß **§§ 438 IV S. 1, 218 I S. 1** wegen Verjährung des Nacherfüllungsanspruchs nicht mehr möglich, steht **S die Mängeleinrede nach § 438 IV S. 2** zu. Da diese **kein Gestaltungsrecht darstellt, steht dem Bürgen diese Einrede über § 768 I S. 1 zu.**

3. Besteht das Rücktrittsrecht noch, weil der Nacherfüllungsanspruch noch nicht verjährt ist, kann S die **Kaufpreiszahlung nach § 320 bei einem behebbaren Mangel verweigern. Für den Bürgen ist daher § 768 einschlägig.**

4. Strittig ist die Rechtslage **vor Verjährung beim unbehebbaren Mangel**, da § 320 bei Unmöglichkeit nicht gilt und auch § 326 I S. 1 nicht anwendbar ist (vgl. § 326 I S. 2). Nach einer M.M. soll daher § 438 IV S. 2 analog angewendet werden. Nach überzeugender h.M. wird wegen der sofortigen Gestaltbarkeit jede Einrede versagt.

- Nach der M.M. ist § 768 I S. 1 heranzuziehen, da es sich für den Hauptschuldner um eine Einrede handelt.
- Nach h.M. ist die Konstellation dem § 770 I vergleichbar. Auch der hinter § 770 stehende Zweck spricht eher für eine Analogie zu § 770 I. § 770 ist daher auf andere Gestaltungsrechte entsprechend anzuwenden.

---

hemmer-Methode: Die Minderung ist ebenfalls ein Gestaltungsrecht. Für den Bürgen ist vor deren Erklärung § 770 I analog anzuwenden (beim unbehebbaren Mangel) bzw. § 768 I beim behebbaren Mangel (wegen § 320). Beachten Sie aber, dass dies wiederum nur gilt, solange noch nicht gemindert wurde, da in diesem Fall in Höhe der Minderung bereits § 767 I S. 1 eingreifen würde. Ist der Nacherfüllungsanspruch verjährt und ist deshalb eine Minderung nach §§ 438 V, 218 nicht mehr möglich, hat der Bürge die Einrede gem. §§ 768 I S. 1, 438 V, 438 IV S. 2.

VIII. Bürgschaft
Rücktritt

SchR-BT II — Karte 63

> Die Anwendung des § 770 I ist nicht auf die darin genannten Fälle beschränkt. Nach seinem Sinn und Zweck ist er ebenfalls bei anderen dem Hauptschuldner zustehenden Gestaltungsrechten analog heranzuziehen (vgl. KK 62).
>
> Fraglich kann im Einzelfall nur sein, ob tatsächlich ein Gestaltungsrecht und nicht nur eine Einrede des Hauptschuldners vorliegt. Bei letzterer käme dann nämlich § 768 zur Anwendung, der die dem Hauptschuldner zustehenden Einreden auch dem Bürgen zukommen lässt.

S kauft bei G ein KFZ. Für diese Kaufpreisverbindlichkeit verbürgt sich B gegenüber G. Später stellt sich heraus, dass das Auto mangelhaft ist. G will den B aus dem Bürgschaftsvertrag in Anspruch nehmen. Welche Leistungsverweigerungsrechte hat B, wenn S das Auto nicht mehr behalten will? Unterscheiden Sie dabei danach, ob S vom Kaufvertrag bereits zurückgetreten ist bzw. das Rücktrittsrecht noch nicht ausgeübt wurde, aber der Nacherfüllungsanspruch schon / noch nicht verjährt ist.

Juristisches Repetitorium
examenstypisch • anspruchsvoll • umfassend **hemmer**

Eine solche Konstellation ist z.B. dann **denkbar, wenn einer Aufrechnung durch den Gläubiger Aufrechnungsverbote (z.B. § 393) entgegenstehen** oder **die Forderung des Schuldners noch nicht fällig ist** (KreditsicherungsR, Rn. 225). Fraglich ist, wie dieser Fall dann zu lösen ist.

1. Geht man vom **Wortlaut des § 770 II aus**, müsste man ein **Leistungsverweigerungsrecht des B verneinen**.

2. Allerdings könnte man daran denken, **§ 770 I analog** anzuwenden.

- Dagegen könnte sprechen, dass möglicherweise gar **keine für eine Analogie nötige Regelungslücke** besteht, da der Wortlaut des § 770 II diesbezüglich absolut eindeutig ist. Auch ein Vergleich mit § 770 I zeigt, dass dort ausdrücklich nur von der Anfechtung die Rede ist, während Abs. 2 bzgl. der Aufrechnung nur den Gläubiger erwähnt. Zudem könnte man die Gefahr, dass S nicht aufrechnet, ebenso zu den typischen Risiken des B rechnen, wie den Umstand, dass S evtl. nicht zahlen kann.

- **Andererseits darf aber auch nicht der Sinn des § 770 außer Acht gelassen werden:** Der oft uneigennützig handelnde B soll so lange nicht zur Leistung verpflichtet sein, solange nicht sicher ist, ob die Hauptverbindlichkeit nicht nachträglich erlischt. Daher ist es überzeugend, die in § 770 I niedergelegte Wertung nicht nur auf die Anfechtung, sondern auch auf alle anderen Gestaltungsrechte des Hauptschuldners anzuwenden.

> **hemmer-Methode:** Beachten Sie, dass sich dieses Problem nicht stellt, wenn bereits erfolgreich angefochten oder aufgerechnet wurde. In diesem Fall greift dann § 767 I S. 1: Mit der Hauptverbindlichkeit ist auch die Bürgenschuld erloschen.

VIII. Bürgschaft

Einreden der Anfechtbarkeit und Aufrechenbarkeit

SchR-BT II
Karte 62

Dem Hauptschuldner steht u.U. die Möglichkeit offen, das der Hauptverbindlichkeit zugrundeliegende Rechtsgeschäft anzufechten oder mit einer fälligen Forderung aufzurechnen. Nimmt der Schuldner sein Gestaltungsrecht aber erst wahr, nachdem der Bürge schon gezahlt hat, ist der Bürge nun auf einen Rückgewähranspruch aus ungerechtfertigter Bereicherung angewiesen und trägt somit das Risiko, dass dieser nicht mehr durchsetzbar ist (§ 818 III). Andererseits kann man aber auch nicht den Bürgen selbst das Gestaltungsrecht des Schuldners ausüben lassen, da sich dieses auf den Bestand der Hauptschuld unmittelbar auswirkt und somit in die Rechte der Vertragsparteien eingegriffen würde.

Aus diesem Grund gibt das Gesetz dem Bürgen die Einrede nach § 770 I, solange das Anfechtungsrecht des Schuldners besteht. Bei der Aufrechnung stellt § 770 II dagegen auf die Aufrechnungsmöglichkeit des Gläubigers ab.

Hat der Bürge auch ein Leistungsverweigerungsrecht, wenn nicht der Gläubiger, sondern nur der Schuldner zur Aufrechnung befugt ist?

G kann gegen B nur dann sofort aus § 765 I vorgehen, **wenn ein Bürgschaftsvertrag zustande gekommen ist und B wirksam auf seine Einrede der Vorausklage gem. § 773 I Nr. 1 verzichtet hat.**

1. Fraglich ist, ob eventuell dadurch, dass sich G bis zur Inanspruchnahme des B gegenüber diesem nicht erklärt hat, **mangels Annahme gem. § 147 II gar kein Bürgschaftsvertrag** zustande kam, da die Frist gem. § 147 II nach 4 Monaten auf jeden Fall abgelaufen ist. **Allerdings** ist hier auf **§ 151 S. 1** abzustellen, der zwar nicht auf die Annahmeerklärung schlechthin verzichtet, aber doch zumindest auf deren Zugang, wenn damit nach der Verkehrssitte nicht zu rechnen ist. Wird die Bürgschaft unter Anwesenden übergeben, so ist die Betätigung des Annahmewillens in deren Entgegennahme zu sehen. Wird die Bürgschaft hingegen dem abwesenden G zugeschickt, so reicht als Betätigung aus, dass G, der ja schließlich zuvor eine Bürgschaft verlangt hatte, die Urkunde - wie hier - behält. Nach der Lebenserfahrung lässt dies den Schluss zu, dass er mit der zugegangenen Erklärung auch einverstanden ist.

Der Wirksamkeit stehen **auch nicht §§ 766 S. 1, 125 S. 1** entgegen**, da die Bürgschaft schriftlich erteilt** wurde. Ob es dieser Form überhaupt bedurfte, da eventuell § 350 HGB eingreift, kann hier somit (noch) dahinstehen. Ein Anspruch aus § 765 I besteht damit grundsätzlich.

2. Möglicherweise kann sich B aber gegen die jetzige Inanspruchnahme erfolgreich mit **Erhebung der Einrede der Vorausklage** wehren, **wenn sein Verzicht gem. § 773 I Nr. 1 unwirksam** war. Da ein **Verzicht** auf § 771 eine Verschlechterung der Bürgenstellung bedeutet, bedarf auch dieser der **Form des § 766 S. 1**. Der Form bedürfte es nicht, wenn es sich bei B um einen Kaufmann handeln sollte und die Bürgschaft für den Bürgen ein Handelsgeschäft wäre. In diesem Fall greift nämlich zum einen § 350 HGB ein und zum anderen ist in diesem Fall gem. § 349 HGB kraft Gesetzes die Einrede der Vorausklage ausgeschlossen. Allerdings ist bei einer GmbH weder der Gesellschafter noch der Geschäftsführer mangels persönlichen Haftungsrisikos Kaufmann. Diese Eigenschaft kommt allein der GmbH zu, vgl. §§ 13 III GmbHG, 6 I HGB. Folglich bedurfte es der Form des § 766 S. 1, um wirksam auf § 771 zu verzichten.

G muss deshalb zuerst einen Vollstreckungsversuch gegen S unternehmen.

---

hemmer-Methode: Das Gesetz stuft den Kaufmann aufgrund seiner (oft nur fingierten) Geschäftserfahrung als weniger schutzbedürftig ein und erklärt deshalb einige Regelungen des Zivilrechts für ihn nicht bei Handelsgeschäften anwendbar, vgl. §§ 348, 349 und 350 HGB. Beachten Sie auch, dass die Berufung auf § 771 den Nachteil nach sich ziehen kann, dass B dann gem. § 767 II auch noch die Kosten der vergeblichen Zwangsvollstreckung zahlen muss. Da § 771 als Einrede ausgestaltet ist, kann B entscheiden, ob er diese tatsächlich erheben will.

VIII. Bürgschaft

Einrede der Vorausklage

SchR-BT II
Karte 61

Wie Sie wissen, soll der Bürge i.d.R. nur hilfsweise haften. Aus diesem Grunde steht dem Bürgen die Einrede der Vorausklage nach § 771 zu, wonach der Bürge die Zahlung so lange verweigern darf, wie der Gläubiger noch keinen erfolglosen Vollstreckungsversuch gegen den Hauptschuldner aufgrund eines Urteils oder eines anderen Titels unternommen hat.

G verlangt von S eine Sicherheit für eine Kaufpreisforderung. Dieser erklärt, dass sich sein Freund B, Alleingesellschafter und Geschäftsführer der X-GmbH, für ihn verbürgen werde. Daraufhin schickt B dem G eine schriftliche Bürgschaftserklärung zu. Später verzichtet B telefonisch auf die Einrede der Vorausklage.

Nachdem S nicht zahlt, will G vier Monate später direkt gegen B vorgehen. B entgegnet, dass noch nicht einmal ein Bürgschaftsvertrag zustande gekommen sei, da ihm (B) keine Annahmeerklärung zugegangen ist. Zudem berufe er sich auf § 771.

Kann G gegen B direkt vorgehen?

1. B könnte gem. **§ 123 I Alt. 1 zur Anfechtung berechtigt** sein.

a) **G** ist in diesem Fall gem. § 143 II i.V.m. I **richtiger Anfechtungsgegner**.

b) Da **G** aber nicht selbst getäuscht hat, müsste **S** entweder als Nicht-Dritter dem G nach dem Rechtsgedanken des § 278 zuzurechnen sein, weil er auf Seiten des G steht und maßgeblich am Zustandekommen des Vertrages mitgewirkt hat, **oder G müsste die Täuschung des S als Dritten gekannt haben oder gekannt haben müssen gem. § 123 II S. 1**.

Zwar hat S auf den B so eingewirkt, dass B die Bürgschaft übernahm. Zu beachten ist aber, dass S lediglich eigene Interessen wahrnimmt und selbst der Begünstigte ist. Folglich stehen **S und G auf verschiedenen Seiten. S ist Dritter i.S.d. § 123 II S. 1.**

Da der G die Täuschung des S weder kannte noch infolge Fahrlässigkeit nicht kannte, scheidet eine Anfechtung gem. **§ 123 I somit aus**.

2. Ein Anfechtungsgrund könnte sich aber aus § 119 II ergeben, **wenn B über eine verkehrswesentliche Eigenschaft im Irrtum** war.

Die Zahlungsfähigkeit und Kreditwürdigkeit einer Person sind grundsätzlich solche Eigenschaften i.S.d. § 119 II, insbesondere bei Eingehung einer Bürgschaft. Auch steht dem § 119 II nicht entgegen, dass es sich dabei um die Eigenschaft einer dritten Person handelt. Allerdings ist insoweit auf den Sinn und Zweck der Bürgschaftsübernahme abzustellen: Eine Bürgschaft wird stets im Glauben übernommen, am Ende doch nicht in Anspruch genommen zu werden. **Könnte sich der Bürge dann jeweils mit der Anfechtung nach § 119 II seiner Haftung entziehen, widerspräche das dem Sicherungszweck der Bürgschaft und würde das Institut der Bürgschaft an sich entwerten, da es sich insoweit gerade um das typische Risiko des B handelt. Demzufolge scheidet eine Anfechtung auch nach § 119 II und damit insgesamt aus.**

---

hemmer-Methode: Dieser Fall war Ihnen sicher schon bekannt. Sie können daran aber wieder einmal sehen, wie wichtig es ist, sich den Zweck einer Vorschrift vor Augen zu führen.

Aber Achtung: Verwechseln Sie obiges Problem auf keinen Fall mit der Frage, inwieweit der Bürge ein Leistungsverweigerungsrecht hat, solange der Hauptschuldner (!) noch die Möglichkeit der Anfechtung der Hauptschuld hat (§ 770 I) bzw. diese bereits aufgrund erfolgter Anfechtung erloschen ist (§ 767 I S. 1). Dabei handelt es sich um völlig unterschiedliche Konstellationen.

VIII. Bürgschaft
Anfechtung des Bürgschaftsvertrags

SchR-BT II
Karte 60

Grundsätzlich stehen dem Bürgen die gleichen Gestaltungsrechte hinsichtlich seiner Bürgenverpflichtung zu wie jedem anderen Vertragspartner auch. Allerdings müssen diese eventuell im Hinblick auf den besonderen Sinn und Zweck der Bürgschaft eine Korrektur erfahren. Dies ist zum Beispiel in bestimmten Fällen i.R.d. Anfechtungsgründe der Fall.

Hauptschuldner S täuscht Bürgen B über seine Vermögensverhältnisse und bringt ihn dadurch dazu, sich für seine Kaufpreisverbindlichkeit gegenüber Gläubiger G i.H.v. 50.000 € zu verbürgen. Als B von der Mittellosigkeit des S erfährt, will er G gegenüber seine Bürgschaftserklärung anfechten.

Kann er das?

Juristisches Repetitorium
examenstypisch • anspruchsvoll • umfassend **hemmer**

1. Fraglich ist, ob auch hier eine **Nichtigkeit des Bürgschaftsvertrages gem. § 138 I** anzunehmen ist.

Die Voraussetzungen der Sittenwidrigkeit liegen grundsätzlich vor: Es liegt eine finanzielle Überforderungssituation vor und deshalb wird vermutet, dass die Bürgschaft nur aus emotionaler Verbundenheit übernommen wurde.

Fraglich ist, ob **allein** die **Übernahme** einer nahezu unerfüllbaren Bürgschaftsverpflichtung bei Ehegatten untereinander **ausreichen kann.** Der Gläubiger – die Bank – könnte vortragen, ein berechtigtes Interesse an der Haftung des Ehepartners zu haben, weil ansonsten die Gefahr von Vermögensverschiebungen auf den Ehegatten (bzw. auf das Kind) besteht, was den Zugriff auf das Vermögen vereiteln könnte.

Nach überzeugender Ansicht des BGH rechtfertigt diese Sichtweise keine andere Beurteilung im Hinblick auf § 138 I. Denn wenn die Motivation der Bank hinsichtlich der Bürgschaft des vermögenslosen Ehegatten tatsächlich die Angst vor Vermögensverschiebungen sein sollte, hat die Bank die Möglichkeit, diesen Vertragszweck ausdrücklich in der Bürgschaft niederzulegen. Dann ist gewährleistet, dass der vermögenslose Bürge auch nur in diesem Fall der Übertragung von Vermögenswerten in Anspruch genommen werden könnte.

Folglich kann **D die B nicht aus § 765 I in Anspruch nehmen**.

2. Ist der **Zweck** der Bürgschaft, eine Vermögensverschiebung zu verhindern, konkret in den Vertrag aufgenommen worden, so kann **dieser Zweck bei erfolgter Scheidung** aber nicht mehr erreicht werden, weil nicht davon auszugehen ist, dass eine Übertragung von Vermögenswerten noch stattfinden wird. Bei so einer Konstellation wird die Bürgschaft zwar nicht automatisch nichtig nach § 138 I (weil sich diese Beurteilung am Zeitpunkt des Vertragsschlusses auszurichten hat), aber es ist das Institut der **Störung der Geschäftsgrundlage (§ 313 I) heranzuziehen, das die Haftung der bürgenden Exgattin entfallen lässt**.

3. Ja, denn die **Beweggründe** dieser Partner, die hauptsächlich aus der emotionalen Bindung heraus die Unterstützung des Hauptschuldners anstreben werden sowie die Interessen der Kreditinstitute an der Bürgschaft sind **vergleichbar**. Der Umstand, dass die Partner auf das Institut der Ehe verzichtet haben, kann an deren Schutzbedürftigkeit nichts ändern. Nahe Angehörige in diesem Sinne sind demnach Kinder, Ehegatten, Verlobte, nichteheliche Lebenspartner, aber nicht zwingend volljährige Geschwister.

> **hemmer-Methode:** Der BGH hat obige Grundsätze mit gewissen Modifikationen auch auf die Bürgschaft eines Arbeitnehmers ausgedehnt, der sich wegen der Sorge um den Erhalt seines Arbeitsplatzes für die Darlehensschuld seines Arbeitgebers (GmbH) verbürgt hat. Hierzu sollten Sie BGH, Life&Law 02/2004, 78 ff. = NJW 2004, 161 f. nachlesen! Eine allgemeine Regel, wonach AN-Bürgschaften wegen Übernahme des wirtschaftlichen Risikos des AG unabhängig von einer finanziellen Überforderung des AN wegen eines Verstoßes gegen das Leitbild des Arbeitsvertrages unwirksam sind, lehnt der BGH aber ab. Hinzukommen muss grds. die krasse finanzielle Überforderung des AN, vgl. BAG, Life&Law 02/2019, 84 ff.

VIII. Bürgschaft

Sittenwidrigkeit: Ehegattenbürgschaft

SchR-BT II
Karte 59

Auch bei der Ehegattenbürgschaft sind die Grundsätze zur Sittenwidrigkeit von Bürgschaftsübernahmen zu berücksichtigen, wie auf KK 58 beschrieben.

Fraglich ist in diesen Fällen der Angehörigenbürgschaften, ob § 138 I auch zu bejahen ist, wenn die Bank wegen der Angst vor Vermögensverlagerungen ein nachvollziehbares Interesse an der Bürgschaft hat. Die Möglichkeit einer Restschuldbefreiung ändert an der Beurteilung jedenfalls nicht, weil deren Intention nicht der Schutz der Banken ist.

---

1. **Die D-Bank ist nur bereit, dem Ehemann S einen Kredit von 200.000 € zu gewähren, wenn sich seine (vermögenslose) Ehefrau B für diese Schuld verbürgt. Kann D später die B aus § 765 in Anspruch nehmen, wenn als Vertragszweck der Zweck „Schutz vor Vermögensverlagerungen" nicht eindeutig festgelegt wurde?**
2. **Was gilt, wenn B und S zwischenzeitlich geschieden wurden?**
3. **Gelten die Grundsätze zur Sittenwidrigkeit von Bürgschaftsverträgen auch bei Partnern einer lediglich eheähnlichen Lebensgemeinschaft?**

1. Einem Anspruch der D aus § 765 I könnte die **Sittenwidrigkeit der Bürgschaftsübernahme** gem. § 138 I entgegenstehen.
Grundsätzlich steht es dem Bürgen aufgrund der **Privatautonomie** frei, sich einer einseitigen Belastung und dem Risiko einer Überschuldung auszusetzen, weshalb früher auch die Annahme der Sittenwidrigkeit einer Bürgschaftsübernahme restriktiv gehandhabt wurde. **Mittlerweile** besteht jedoch Einigkeit darüber, dass der Privatautonomie **insoweit Schranken** zu setzen sind, als diese **durch die überlegene Verhandlungsstärke des Gläubigers missbraucht** wird. Begründet wird dies mit der „mittelbaren Drittwirkung" der Grundrechte, wonach die Grundrechte über die Generalklauseln des BGB auch im Privatrecht Berücksichtigung finden.
Sittenwidrigkeit ist **insbesondere** in den Fällen anzunehmen, in denen der **Bürge ersichtlich geschäftsunerfahren** ist, in einer **seelischen Zwangslage** steckt oder auf eine andere Weise in seiner **Entscheidung unzulässig beeinträchtigt** wird (*subjektives Element* der Sittenwidrigkeit; z.B. Ausnutzen einer seelisch emotionalen Beziehung) und bei Vertragsschluss erkennbar ist, dass der Bürge noch nicht mal in der Lage ist, **aus dem pfändbaren Teil seines Einkommens die laufenden Zinsen** zu tilgen (*objektives Element bzw. krasse Überforderung des Bürgen* ⇨ wenn (+), dann wird das subjektive Element des Ausnutzens vermutet).
Im **Ausgangsfall** ist **aufgrund der Vermögenslosigkeit des S eine krasse Überforderung (obj. Element) zweifelsohne zu bejahen**. Hinzu kommt hier aber auch noch, dass der Vater bei der Inanspruchnahme seines Sohnes als Bürgen gegen seine familienrechtliche **Pflicht zur Rücksichtnahme aus § 1618a** verstoßen hat, was der D zuzurechnen ist, als sie sich die familiäre Bindung des S zu seinem Vater zunutze macht (**Vermutung des subj. Elements**).
Die Bürgschaftsübernahme verstößt somit gegen die guten Sitten und ist damit gem. § 138 I nichtig. Ein Anspruch der D gegen S aus § 765 I besteht nicht.

2. Etwas **anderes** muss gelten, **wenn der Sohn ein Eigeninteresse an der Kreditgewährung hat.** Allerdings kann allein die **Aussicht oder der Wunsch**, später im elterlichen Betrieb tätig zu werden für die Ablehnung des § 138 **nicht ausreichen**. Vielmehr **muss er schon eine entsprechende Einflussmöglichkeit im Betrieb in Aussicht haben.**

---

hemmer-Methode: Diese Rspr. und ihre Argumente müssen Sie kennen. Beachten Sie in diesem Zusammenhang auch, dass die Rspr. eine tatsächliche Vermutung dahin gehend aufstellt, dass die Bank die emotionale Abhängigkeit des bürgenden Kindes von den Eltern (oder dem Elternteil) ausgenutzt hat, soweit sie dessen voraussichtliche wirtschaftliche Überforderung gekannt hat oder bei einer Bonitätsüberprüfung hätte erkennen können.

VIII. Bürgschaft

Sittenwidrigkeit: Kindesbürgschaft

SchR-BT II — Karte 58

> Ein Vergleich von Leistung und Gegenleistung zur Begründung eines auffälligen Missverhältnisses und damit eines Verstoßes gegen § 138 ist bei der Bürgschaft als Sicherungsgeschäft mangels Gegenseitigkeitsverhältnis nicht möglich. Hier ist vielmehr auf den Verpflichtungsumfang und die Leistungsfähigkeit des Bürgen sowie weitere hinzutretende Umstände, die dem Gläubiger zuzurechnen sind, abzustellen.

Sohn S übernimmt für seinen Vater V eine Bürgschaft für dessen Darlehensverbindlichkeit gegenüber der Bank D in Höhe von 800.000 €. S selbst ist vermögenslos und lebt noch zu Hause. Kann D nach erfolglosem Vorgehen gegen V von S Zahlung der 800.000 € aus § 765 verlangen?

<u>Abwandlung</u>: **Was ist, wenn S anstrebt, in dem Betrieb des Vaters, für dessen Ausbau das Darlehen aufgenommen wurde, demnächst als einer der Entscheidungsträger mitzuwirken?**

1. Formlos wirksam sind **Nebenabreden**, wenn sie **die Bürgenhaftung einschränken**. Insoweit bedarf der Bürge ja auch keines Schutzes, sodass die Warnfunktion ins Leere ging.

Anders dagegen ist zu entscheiden, wenn es sich um **Nebenabreden** handelt, die die **Haftung des Bürgen erweitern:** Diese wirken sich zu Ungunsten des Bürgen aus und können sogar eine nachträgliche Erstreckung der Haftung auf neue Kredite umfassen. Hierbei ist demnach wieder die **Form des § 766 S. 1** zu wahren.

2. Gem. **§ 766 S. 3** wird der **Mangel der Form „soweit" (!) geheilt, wie der Bürge die „Hauptverbindlichkeit" erfüllt** hat, da es einer Warnung diesbzgl. gar nicht mehr bedarf. Wenn er aber nur einen Teilbetrag bezahlt, ist die Bürgschaft daher auch nur in Höhe dieses Betrages (teil)wirksam. Dies gilt selbst dann, wenn er sich irrtümlich dazu verpflichtet glaubte. Die Bezeichnung als „Hauptverbindlichkeit" ist insoweit falsch, als der Bürge natürlich nicht auf die Verbindlichkeit des Hauptschuldners i.S.d. § 267 I zahlt, sondern auf seine eigene Bürgenschuld.

3. Betrachtet man das Original des Telefaxes, also die **Kopiervorlage**, so **scheitert dessen Wirksamkeit** als Bürgschaftsvertrag **an der „Erteilung" i.S.d. § 766 S. 1**, da diese eine **Entäußerung der Urschrift** gegenüber dem Gläubiger G erfordert. Diese Vorlage befindet sich aber noch beim B.

Andererseits enthält die **beim G ankommende Kopie keine eigenhändige Unterschrift i.S.d. § 126 I** (Umkehrschluss aus § 127 II S. 1). Ein Fax genügt daher **nicht dem Schriftformerfordernis des § 126 I.**

---

hemmer-Methode: Verwechseln Sie den letzten Fall nicht mit der Problematik, ob durch die Einlegung eines Rechtsmittels durch Telefax die Frist gewahrt wird. Hier existiert mit § 130 Nr. 6 ZPO eine Sonderregelung: Das Telefax genügt zur Wahrung der prozessualen Schriftform. Beachten Sie auch, dass ein einmal durch wirksame Erteilung zustande gekommener Bürgschaftsvertrag nicht vom Verbleib der Urkunde abhängt.

Beachten Sie ferner, dass die Erteilung der Bürgschaft in elektronischer Form nach § 126a gem. § 766 S. 2 ausgeschlossen ist.

VIII. Bürgschaft
Form: Einzelprobleme

SchR-BT II
Karte 57

Ein Formerfordernis eröffnet dem Klausurenersteller viele Möglichkeiten der Problemvariation. So bedarf z.B. auch schon ein Bürgschaftsvorvertrag zum Schutze des Bürgen der Form des § 766 S. 1. Beantworten Sie folgende Fragen, um sich noch einmal die Wertung des § 766 und dessen genaue Voraussetzungen vor Augen zu führen:

1. **Bedürfen auch Nebenabreden der Form des § 766 S. 1? Inwieweit ist dabei zu unterscheiden?**
2. **Inwiefern ist in § 766 S. 3 die Bezeichnung „Hauptverbindlichkeit" irreführend?**
3. **B schickt per Telefax eine ordnungsgemäß ausgefüllte Bürgschaftsurkunde an G. Ist die Form des § 766 S. 1 gewahrt?**

Juristisches Repetitorium
examenstypisch • anspruchsvoll • umfassend **hemmer**

1. Der Bürgschaftsvertrag **scheitert nicht an § 181**, da in dem Zusenden eine **Gestattung i.S.d. § 181 enthalten ist**.

Die Ergänzungen können dem B aber nur dann zugerechnet werden, wenn in dem Vorgehen auch eine wirksame Stellvertretung zu sehen ist.

- Grundsätzlich verlangt **§ 126 I S. 1** nur, dass der **Aussteller die Urkunde eigenhändig unterzeichnet** hat. Nicht notwendig ist dagegen, dass zu diesem Zeitpunkt die Urkunde bereits fertiggestellt ist. Auch eine lediglich mündliche Vollmacht schadet eigentlich nicht, da sie gem. § 167 II normalerweise nicht der für das Rechtsgeschäft vorgeschriebenen Form bedarf. Gleiches würde gelten, wenn man in der Aufforderung zum Ausfüllen eine Vervollständigungsermächtigung sehen würde; dann würde § 182 II gelten.

  Aus diesem Grund hat die frühere Rspr. eine Vervollständigung einer Blankobürgschaft aufgrund mündlicher Vollmacht als zulässig angesehen.

- Dabei wurde aber übersehen, dass **§ 766 S. 1 den B schützen soll**. Dieser **Warnfunktion** wird aber nicht Genüge getan, wenn man es ausreichen lässt, dass B lediglich ein leeres Papier unterschreibt, das nicht die essentialia enthält. § 167 II ist daher i.R. einer Blankobürgschaft teleologisch zu reduzieren, **so dass schon die Bevollmächtigung/Vervollständigungsermächtigung der Schriftform bedarf**. Hierfür spricht auch, dass auch bei Grundstücksgeschäften die unwiderrufliche Vollmacht der Form des § 311b I bedarf. Die Schutzzwecke sind hier durchaus vergleichbar.

  Demnach ist bei einer bloß **mündlichen Bevollmächtigung die Vollmacht gem. § 125 S. 1 nichtig und** nach h.M. **der Bürgschaftsvertrag damit schwebend unwirksam, § 177.** Da eine Genehmigung fehlt, kann G den B nicht aus § 765 in Anspruch nehmen (vgl. dazu Keim, NJW 1996, 2774).

2. Anders ist dagegen zu entscheiden, wenn die **vervollständigte Urkunde an einen gutgläubigen Dritten herausgegeben** wird und der Urkunde die Vervollständigung durch einen anderen als den B selbst **auch nicht anzusehen** ist: hier **haftet der B aufgrund des gesetzten Rechtsscheins analog § 172 II.**

> hemmer-Methode: Sehen Sie die Wertungen, die hinter der Rspr. stehen? Lernen Sie nicht auswendig, sondern lernen Sie, mit dem Schutzzweck einer Vorschrift zu argumentieren. Achten Sie bei der Rechtsscheinhaftung, die übrigens auch bei einem abredewidrigen Ausfüllen durch den Schuldner greift, aber auf die Grenze des § 173 (keine Haftung bei Kenntnis des Vertragspartners) und das Problem der Anfechtung eines Rechtsscheins (BGB AT I, Rn. 248).

VIII. Bürgschaft
Form: Blankobürgschaft

SchR-BT II
Karte 56

Die Formvorschrift des § 766 S. 1 soll den Bürgen von einer übereilten Bürgschaftsübernahme abhalten und ihm das Risiko, das er auf sich nimmt, vor Augen führen. Deshalb muss die schriftliche Erklärung *des Bürgen* - und nur diese! - den Willen, sich für eine fremde Schuld verbürgen zu wollen, den Namen des Gläubigers und des Schuldners enthalten sowie die Hauptschuld bezeichnen.

Ein examensrelevantes Problem ergibt sich in diesem Hinblick im Zusammenhang mit der Unterzeichnung einer Blankobürgschaft:

Bürge B sendet dem Gläubiger G eine unterschriebene Blankobürgschaftsurkunde zu, die dieser selbst entsprechend der Vereinbarungen ausfüllen soll. Kann G den B nach entsprechender Ausfüllung aus § 765 in Anspruch nehmen?

Was ist, wenn der Schuldner die Urkunde vervollständigen und später erst dem G aushändigen sollte?

Zu beachten ist vorweg, dass der **Wortlaut** (gerade bei juristischen Laien) **nicht allein entscheidend** sein kann (vgl. auch §§ 133, 157): Selbst wenn eine Partei also äußert, sie „verbürge" sich für die Forderung eines anderen, so kommt man dennoch nicht um eine Abgrenzung herum.

1. Durch einen _**Garantievertrag**_ verpflichtet sich ein Dritter, für einen bestimmten Erfolg (Rückzahlung eines Darlehens) einzustehen, und zwar **unabhängig davon, ob diese Verpflichtung tatsächlich besteht oder nicht.** D.h. die Garantie zeichnet sich dadurch aus, dass sie **streng nicht-akzessorisch** ist (KreditsicherungsR, Rn. 30 ff.). Insbesondere bedarf es **auch nicht der Form des § 766 S. 1.** Aufgrund dieser großen Gefährlichkeit für den Garanten bedarf es für die Annahme einer Garantie besonderer Umstände und eines eindeutig erkennbaren Willens des Betreffenden. Ein Indiz kann hierfür ein eigenes unmittelbares wirtschaftliches Interesse sein.

Im **Zweifel** ist aber wegen der größeren Risiken eine **Bürgschaft** anzunehmen.

2. Beim _**Schuldbeitritt**_ (§§ 311 I, 241 I) wird eine **eigene Verbindlichkeit begründet** mit der Folge, dass der **Übernehmer gem. § 427 neben dem bisherigen Schuldner als Gesamtschuldner haftet**, während der Bürge für eine fremde Schuld haftet und nie (!) Gesamtschuldner wird. Auch hier gilt das **Formerfordernis des § 766 nicht** (beachte aber, dass allein dieses Argument inzwischen oft nicht mehr ausschlaggebend sein kann, da der Schuldbeitritt durch einen Verbraucher nach den §§ 491 ff. zu behandeln ist mit der Folge des Formerfordernisses nach § 492; vgl. hierzu **BGH, Life&Law 03/2006, 149 ff.** = NJW 2006, 431 ff.).

Entscheidender Unterschied ist aber auch hier, dass - außer im Zeitpunkt der Entstehung! - **keine Akzessorietät** gegeben ist; allenfalls i.R.d. § 425 können weitere Veränderungen evtl. zu berücksichtigen sein. Ein Indiz für einen Schuldbeitritt ist das eigene wirtschaftliche Interesse.

Merke: Im Zweifel ist das Vorliegen einer **Bürgschaft** anzunehmen.

---

hemmer-Methode: Beachten Sie den Schutzzweck des § 766 und achten Sie darauf, dass Sie ihn nicht durch voreilige Ablehnung der Bürgschaft aushebeln. Dies ist auch der Grund, warum eine Umdeutung gem. § 140 einer formunwirksamen Bürgschaft in einen Schuldbeitritt ausscheidet.

VIII. Bürgschaft
Abgrenzung zu Garantie und Schuldbeitritt

SchR-BT II — Karte 55

In Klausuren taucht immer wieder die Formulierung auf, dass jemand *„für die Schuld eines anderen einstehen"* werde.

Insofern stellt sich dann - insbesondere, wenn dies mündlich erfolgte - das Problem, was hier von den Parteien tatsächlich gewollt ist. Solange die Bürgschaft kein Handelsgeschäft ist (für diese gilt gem. § 350 HGB das Formerfordernis des § 766 S. 1 gerade nicht!), ist die Bürgschaft wegen Verstoßes gegen § 766 S. 1 formnichtig gem. § 125 S. 1.

Etwas anderes könnte aber dann gelten, wenn hier gar keine Bürgschaft, sondern vielmehr eine Garantie oder ein Schuldbeitritt gewollt war!

Grenzen Sie die drei Institute voneinander ab, indem Sie die entscheidenden Unterschiede hervorheben. Welche Wertung ist hier besonders zu beachten?

Juristisches Repetitorium
examenstypisch • anspruchsvoll • umfassend **hemmer**

1. Die Akzessorietät der Bürgschaft wirkt sich zum einen schon beim **Entstehen** aus: Die **Bürgenschuld besteht nur, soweit auch die Hauptschuld entstanden ist**, d.h. dass bei einem zu sichernden Darlehen die Hauptschuld erst mit der Auszahlung des Darlehens besteht (vgl. Wortlaut des § 488 I S. 2). Dies bewirkt auch, dass bei einem Formmangel der Hauptverbindlichkeit auch die Bürgenschuld erst ab deren Heilung ex nunc (!) verbindlich wird. Bei Verbürgung für eine (bestimmbare) künftige oder bedingte (vgl. § 765 II) Forderung bedeutet das, dass der Bürgschaftsvertrag als Sicherungsabrede zwar von Anfang an wirksam, vor Entstehung der Hauptverbindlichkeit aber gegenstandslos ist.

Andererseits hat die Akzessorietät auch Einfluss auf den **Umfang der Haftung** des Bürgen: Gemäß § 767 I S. 1 ist der **jeweilige Bestand der Hauptverbindlichkeit maßgeblich**, d.h. i.R.e. Darlehens, dass der Bürge auch nur insoweit haftet, wie eine Auszahlung tatsächlich erfolgt ist. Bei *Umfangsänderungen* nach Bürgschaftsübernahme ist dann Folgendes *zu beachten: Reduzierungen* der Hauptverbindlichkeit wirken sich immer *zugunsten* des Bürgen aus, rechtsgeschäftliche *Erweiterungen* durch den Hauptschuldner *dagegen nicht*, vgl. § 767 I S. 3. Diese sind aber zu unterscheiden von der Erweiterung der Hauptverbindlichkeit durch nicht rechtsgeschäftliches Verhalten des Hauptschuldners: Gemäß § 767 I S. 2 haftet der Bürge damit für Verschulden, Verzug, Folgen einer gesetzlichen Zufallshaftung und den Schadensersatzanspruch des Gläubigers aus §§ 280 I, III, 281. Abzulehnen ist dagegen eine Haftung für einen Rückgewähranspruch gem. §§ 323, 346 ff. oder einen Anspruch aus § 812, außer der Bürge hat mit der Nichtigkeit der Hauptschuld gerechnet.

Bei der **Übertragung der Hauptverbindlichkeit geht gem. § 401 die Bürgschaft mit über.** Haben der Bürge und der Gläubiger einen Übergang auf einen anderen ausgeschlossen, so erlischt bei Übertragung der Hauptverbindlichkeit die Bürgenschuld analog § 1250 II (str.). *Davon zu unterscheiden ist eine Auswechslung des Hauptschuldners gem. § 414:* da das Bürgenrisiko letztlich von dessen Leistungsfähigkeit abhängt, erlischt die Bürgschaft ohne das Einverständnis des Bürgen gem. § 418 I S. 1, 3.

2. Eine **Ausnahme** von dem Grds. der Akzessorietät stellt **§ 768 I S. 2** dar, welche sich aus dem Zweck der Bürgschaft erklärt. Denn mit der Beschränkung der Erbenhaftung gem. §§ 1975 ff. zugunsten des Erben wird ja gerade die Unzulänglichkeit des Schuldnervermögens geltend gemacht, womit der typische Fall der Bürgenhaftung eintritt.

> **hemmer-Methode: Das Problem der Haftung des Bürgen über die Hauptverbindlichkeit hinaus ist ein Klassiker! Genauso die Frage, ob der Bürge bei Abänderung der Hauptschuld noch für diese haftet, die Identität von verbürgter und Hauptschuld also gewahrt ist, oder ob das Verhalten des Hauptschuldners der Ersetzung der Forderung durch eine andere gleichkommt (= Novation), vgl. KreditsicherungsR, Rn. 182 ff.**

VIII. Bürgschaft
Grundsatz der strengen Akzessorietät

SchR-BT II
Karte 54

> Der Zweck der Bürgschaft ist es, die Hauptschuld zu sichern. Aus diesem Grund ist sie auch in Bestehen und Umfang von dieser dauernd abhängig (= strenge Akzessorietät als wichtigstes Merkmal der Bürgschaft).
>
> Eine Folge dieses Grundsatzes ist insbesondere, dass das Erlöschen der Hauptschuld nicht etwa als Einrede über §§ 768 oder 770 geltend gemacht werden muss, sondern eine Einwendung des Bürgen darstellt, § 767 I S. 1.

1. **Erläutern Sie die Auswirkungen der Akzessorietät auf die Bürgenschuld insbesondere im Hinblick auf Entstehen, Inhalt und Übertragung der Hauptverbindlichkeit.**
2. **Gibt es eine Ausnahme von diesem Grundsatz?**

1. Bei der Bürgschaft handelt es sich um eine **eigene, einseitig übernommene Verbindlichkeit des Bürgen** gegenüber dem Gläubiger; insbesondere wird durch die Rückgriffsmöglichkeit aus § 774 **kein Gegenleistungsverhältnis** begründet, da sich dieser Rückgriff gegen den Hauptschuldner richtet.

Voraussetzung für eine wirksame Bürgschaft ist ein **wirksamer Bürgschaftsvertrag** zwischen dem Bürgen und dem Gläubiger, sowie eine **zu sichernde Forderung**, vgl. § 765, wobei Hauptschuldner und Bürge personenverschieden sind (KreditsicherungsR, Rn. 10 ff.).

2. Die Bürgschaft ist von dem *Rechtsverhältnis zwischen Hauptschuldner und Bürgen* zu unterscheiden, welches der Bürgschaftsübernahme zugrunde liegt. Insoweit kann es sich um einen *Auftrag*, eine *Geschäftsbesorgung*, eine *GoA* oder (ganz ausnahmsweise) eine *Schenkung* handeln (bei Letzterer muss der Bürge gegenüber dem Schuldner auf seine Rückgriffsmöglichkeit gemäß § 774 verzichten).

Des Weiteren besteht eine *Hauptverbindlichkeit zwischen dem Gläubiger und dem Hauptschuldner* (z.B. Darlehenrückerstattungsanspruch gem. § 488 I 2). Dieses Rechtsverhältnis ist entscheidend, da die Bürgschaft von dessen Entstehung und Bestand dauernd abhängig ist (sog. ***strenge Akzessorietät***).

Merke: Kennzeichnend für die Bürgschaft ist ihre strenge Akzessorietät zur Hauptverbindlichkeit.

---

hemmer-Methode: Die verschiedenen Beziehungen der drei beteiligten Personen sollten Sie sich immer vor Augen halten. Insbesondere für den Fall des Regressverlangens des zahlenden Bürgen gegen den Schuldner kann das später noch von entscheidender Bedeutung sein.

Denken Sie bei einer Schenkung im Innenverhältnis zwischen Bürgen und Schuldner auch an die notarielle Beurkundung des Versprechens gem. § 518 I: Die Abgabe allein ist nämlich noch keine Bewirkung i.S.d. § 518 II, was für ein schenkweise erteiltes Schuldanerkenntnis nach §§ 780, 781 aus § 518 I S. 2 folgt. Der Erlass gemäß § 397 genügt aber für die Heilung.

Zu beachten ist auch, dass der Bürge gegenüber dem Gläubiger nicht zum Gesamtschuldner wird: Er soll ja vielmehr gerade subsidiär haften!

VIII. Bürgschaft
Einleitung

SchR-BT II
Karte 53

> Die Bürgschaft stellt die klassische personale Kreditsicherung dar: Der Gläubiger erhält neben dem Zugriff auf das Vermögen seines primären Schuldners (= Hauptschuldner) auch den Zugriff auf das Vermögen des Bürgen.
>
> Da hier – anders als bei den Realsicherheiten – zwingend drei Personen beteiligt sind, eignet sich die Bürgschaft auch hervorragend für die Klausur.

1. **Was sind die Voraussetzungen einer Bürgschaft und was ist ihr typisches Merkmal?**

2. **Zeigen Sie die Rechtsverhältnisse der drei Personen untereinander auf.**

Juristisches Repetitorium
examenstypisch • anspruchsvoll • umfassend **hemmer**

1. Jeder Vertragspartner kann geltend machen, dass er bei Abschluss des Vertrags einem Erklärungs- oder Inhaltsirrtum nach **§ 119 I** erlegen ist. Das Gleiche gilt bei einem Irrtum über eine verkehrswesentliche Eigenschaft einer Person oder Sache, **§ 119 II**, bzw. bei arglistiger Täuschung oder Drohung nach **§ 123**.

2. Ausgeschlossen ist aber immer eine **Anfechtung aufgrund eines Irrtums, der sich auf einen durch den Vergleich bereits erledigten Streitpunkt bezieht.** Die Parteien waren sich bewusst, dass eine Ungewissheit oder eine Streitigkeit bestand und wollten die Rechtsbeziehungen insofern neu ordnen. Dieser Parteiwille kann durch eine Anfechtung nicht ausgehebelt werden.

<u>Ausnahme</u>: Eine Anfechtung nach § 123 I Alt. 1 ist möglich, wenn sich die Täuschung auf einen Streitpunkt bezieht, der durch den Vergleich beseitigt werden sollte. Eine arglistige Täuschung soll nicht belohnt werden.

3. § 779 enthält die **Rechtsfolge der Unwirksamkeit für einen bestimmten beiderseitigen Motivirrtum.** Wenn die Parteien sich über den als feststehend zugrunde gelegten Sachverhalt geirrt haben, ist der Vergleich unwirksam, falls der Irrtum kausal für den Streit war. Einer Anfechtung (§ 122!) bedarf es dann nicht.

> **hemmer-Methode: Die allgemeinen Nichtigkeitsgründe (z.B. §§ 117 I, 125, 134, 138) gelten auch für den Vergleich. Wenn allerdings das ursprüngliche Rechtsverhältnis nichtig war, so gilt dies nicht automatisch auch für den Vergleich. Er ist wirksam, wenn er ernstliche Zweifel über die Gültigkeit des Ausgangsrechtsverhältnisses beseitigen soll. Er ist dagegen unwirksam, wenn er einer Partei die Vorteile aus einem verbotenen oder sittenwidrigen Geschäft erhalten soll.**

VII. Vergleich

Irrtum

SchR-BT II
Karte 52

Obwohl ein Vergleich geschlossen wurde, muss dies nicht das Ende der Streitigkeiten bedeuten

Die Parteien können nämlich „weiter streiten" darüber, ob der Vergleich wirksam war (z.B. §§ 104 ff., 125, 119 ff.) oder wie einzelne Regelungen auszulegen sind.

Andererseits liegt es gerade in der Natur des Vergleichs, dass über bestimmte Punkte nicht mehr gestritten werden soll. Eine Anfechtung entzieht der neuen Vereinbarung aber die Grundlage, § 142 I. Es können deshalb nicht alle Irrtumsfälle eine Anfechtung ermöglichen.

Welche Irrtümer beim Abschluss des Vergleichs berechtigen zur Anfechtung?

Juristisches Repetitorium
examenstypisch • anspruchsvoll • umfassend **hemmer**

1. Als **Grundsatz** muss man sich merken, dass der **Vergleich** die **streitigen Rechtsbeziehungen** der Vertragsparteien **neu gestaltet** und damit jeder **Rückgriff auf die bisherigen Streitigkeiten ausgeschlossen** ist.

2. Trotzdem wollen die Parteien **in der Regel keine Schuldumschaffung** (Novation), d.h. der Vergleich lässt das **ursprüngliche Rechtsverhältnis weiter bestehen und ordnet ihn nur hinsichtlich der Streitpunkte neu**.

Dies bedeutet in der **Konsequenz**, dass der **Schuldner weiterhin Einwendungen und Einreden aus dem bisherigen Vertrag geltend machen kann**, es sei denn die fragliche Einwendung oder Einrede war gerade der Streitpunkt, den der Vergleich beseitigen sollte.

> **hemmer-Methode:** In Ausnahmefällen kann die Auslegung des Vergleichs ergeben, dass die Parteien eine Schuldumschaffung wollten. Der neu geschlossene Vergleich tritt dann an die Stelle des bisherigen Rechtsverhältnisses.
>
> Immer wenn eine Schuld umgeschafft wird, müssen Sie sich die Frage stellen, ob eine ursprüngliche gegebene Sicherheit auch für die neue Schuld bestehen soll. Bei akzessorischen Sicherheiten, die nach Bestand und Umfang von der Forderung abhängen (z.B. Bürgschaft: §§ 765, 767), erlischt die Sicherheit nach dem Gesetz. Die Parteien können aber etwas anderes vereinbaren (Auslegung!). Beachten Sie für die akzessorische Hypothek § 1180.

VII. Vergleich
Novation

SchR-BT II
Karte 51

Ein Vergleich wird geschlossen, um einen Streit oder eine Ungewissheit zu beenden. Was geschieht dann aber mit dem ursprünglichen Vertrag oder, allgemeiner gesagt, mit dem Ausgangsrechtsverhältnis? Es kann z.B. nicht erlöschen, wenn der Vergleich nur einen bestimmten strittigen Punkt aus einem vorhergehenden Vertrag betrifft.

Durchdenken Sie die möglichen rechtlichen Konstruktionen.

1. Voraussetzungen eines wirksamen Vergleichs:
a) Vertrag
Es gelten die allgemeinen Regeln für übereinstimmende Willenserklärungen. Eine Form ist grundsätzlich nicht einzuhalten, es sei denn er enthält ein formbedürftiges Verpflichtungs- oder Erfüllungsgeschäft (z.B. §§ 766, 311b I).
b) Streit oder Ungewissheit über ein Rechtsverhältnis
Erstere können tatsächlicher oder rechtlicher Art sein. Es ist **_nicht_** erforderlich, dass die Ungewissheit objektiv auch für einen Dritten vorliegen würde, **_die subjektiven Zweifel_** der Parteien **_genügen_**. Der Begriff des Rechtsverhältnisses ist weit zu fassen, solange es nur eine gewisse Konkretisierung erfahren hat. Die Parteien müssen über das Rechtsverhältnis verfügen können (Dispositionsbefugnis).
c) Gegenseitiges Nachgeben
Die Parteien müssen nicht „feilschen". Der Begriff des Nachgebens ist nach dem natürlichen Sprachgebrauch aufzufassen. Es genügt jedes Opfer, mag es auch noch so geringfügig sein. Wenn _nur eine Partei nachgibt,_ liegt kein Vergleich, sondern _u.U. ein Verzicht oder ein Anerkenntnis_ vor (bei einem abstrakten Schuldanerkenntnis nach §§ 780, 781 ist dann die Formvorschrift zu beachten).

2.
Nach § 779 ist der Vergleich unwirksam, wenn sich die Vertragsparteien über den zugrunde gelegten Sachverhalt geirrt haben und dieser Irrtum kausal für den Streit oder die Ungewissheit war.

Dieser beachtliche, beiderseitige Motivirrtum ist ein gesetzlich geregelter Spezialfall der Störung der Geschäftsgrundlage gemäß § 313.

---

hemmer-Methode: Auch der Prozessvergleich fällt u.a. unter § 779. Aufgrund der Dispositionsbefugnis der Parteien im Zivilprozess wird mit einem wirksamen Prozessvergleich der Rechtsstreit vor Gericht beendet. Dabei ist der materiell-rechtliche Teil, § 779, von der Prozesshandlung zu unterscheiden. Man spricht insofern von einer „Doppelnatur", die die untrennbare Einheit dieses Prozessvertrags kennzeichnet. Bedeutung erlangt der Prozessvergleich vor allem, weil er Titelfunktion für die Zwangsvollstreckung hat, § 794 I Nr. 1 ZPO (vgl. zum Ganzen: ZPO I, Rn. 300 ff.; KK ZPO 1, Nr. 40).

VII. Vergleich
Voraussetzungen

SchR-BT II
Karte 50

> Wenn zwei Parteien sich streiten, muss es nicht unweigerlich zum Prozess kommen. Sie können sich jederzeit vergleichsweise einigen. Der Vergleich hat in § 779 eine Regelung gefunden, die diesen Vertrag definiert, vor allem aber einen bestimmten Unwirksamkeitsgrund normiert.

1. **Stellen Sie die Voraussetzungen für den Vergleich zusammen und grenzen Sie ihn von verwandten Verträgen ab.**

2. **Zu welcher Vorschrift des Allgemeinen Schuldrechts stellt § 779 eine „lex specialis" (Spezialregelung) dar?**

Juristisches Repetitorium
examenstypisch • anspruchsvoll • umfassend **hemmer**

1. K kann gegen den Anspruch aus §§ 433 II, 398 S. 2 die rechtsvernichtende Einwendung des Rücktritts nach §§ 404, 323 I, 346 geltend machen, wenn sich aus der „Bestätigung" nichts anderes ergibt.

Prinzipiell kommen **drei Möglichkeiten** in Betracht, wie die **Bestätigung rechtlich zu qualifizieren** ist:

- **Wissenserklärung** (bloßes Beweismittel)
- **Abstraktes Schuldanerkenntnis**
- **Deklaratorisches Schuldanerkenntnis**

Die **Abgrenzung erfolgt durch eine Auslegung** der Bestätigung, §§ 133, 157. Sicher ist nur, dass K sich gegenüber der Bank nicht ein weiteres Mal und unabhängig von dem Kaufpreisanspruch verpflichten wollte. Ein abstraktes Schuldanerkenntnis scheidet deshalb aus.

2. Das **deklaratorische Schuldanerkenntnis** setzt voraus, dass die **Parteien das Schuldverhältnis im Ganzen oder in Teilen einer Ungewissheit entziehen wollen**. Anders als das abstrakte Schuldanerkenntnis tritt das deklaratorische nicht neben das Grundverhältnis, sondern stellt es nur klar. Genauso wie beim Vergleich wird eine Ungewissheit beseitigt; bei § 779 ist jedoch ein gegenseitiges Nachgeben erforderlich, während das deklaratorische Schuldanerkenntnis einseitig abgegeben wird.

Die Wirkung des deklaratorischen Schuldanerkenntnisses besteht darin, dass alle Einwendungen tatsächlicher oder rechtlicher Natur für die Zukunft ausgeschlossen sind, die der Schuldner bei der Abgabe kannte oder mit denen er zumindest rechnete. Inhalt und Tragweite des Ausschlusses sind durch Auslegung zu ermitteln.

3. Die Bestätigung kann auch als **Wissenserklärung** lediglich eine **Beweiserleichterung** enthalten. Dieses „Zeugnis gegen sich selbst" ist dann anzunehmen, wenn der Erklärende überhaupt **keinen rechtsgeschäftlichen Verpflichtungswillen** hat. Entscheidend ist demnach die Auslegung, inwieweit K für die Bestätigung einstehen wollte. **Da hier Ungewissheit über die erfolgte Übereignung des V bestand, ist ein deklaratorisches Schuldanerkenntnis anzunehmen. K kann sich daher nicht auf Einwendungen berufen, die sich daraus ergeben, dass die Leistung nicht erfolgt ist. Er muss an die Bank zahlen.**

---

hemmer-Methode: Das deklaratorische Schuldanerkenntnis ist ein Vertrag nach §§ 311 I, 241 I. Die §§ 780, 781 sind nicht anwendbar! Im Examen muss häufig die Erklärung eines Unfallbeteiligten, er gebe seine Schuld zu, ausgelegt werden. Regelmäßig liegt nur eine Wissenserklärung vor, genauso bei der Drittschuldnererklärung nach § 840 ZPO (vgl. BGB AT I, Rn. 85 ff.).

VI. Schuldanerkenntnis
Deklaratorisch

SchR-BT II
Karte 49

V hat an das Speditionsunternehmen K einen LKW verkauft. Die Kaufpreisforderung tritt V zur Sicherheit für ein Darlehen an die Bank B ab. Diese will nun von K wissen, ob V den LKW schon an K übereignet hat und damit die abgetretene Forderung aus § 433 II durchsetzbar ist. B lässt sich daher von K eine „Bestätigung" geben, dass V bereits übereignet hat.

Tatsächlich hatte K aufgrund schlampiger Buchführung übersehen, dass dies nicht der von V gekaufte LKW war. Als V trotz mehrfacher Mahnungen mit Fristsetzung seitens des K nicht leistet, tritt dieser vom Kaufvertrag zurück.

Die Bank verlangt nun Zahlung aus der abgetretenen Forderung. K meint, der Anspruch sei durch den Rücktritt erloschen.

Kann die Bank B von K Zahlung verlangen?

Juristisches Repetitorium
examenstypisch • anspruchsvoll • umfassend **hemmer**

1. Anspruch des B aus Kaufvertrag, § 433 II:

A kann den Vertrag wegen **arglistiger Täuschung** anfechten, **§§ 123, 124**. Der **Vertreter** wäre immer sog. **Nichtdritter**. Der Angestellte **X** ist, selbst wenn er kein Vertreter des B gewesen sein sollte, **kein Dritter im Sinne von § 123 II S. 1**, da er auf Seiten des Erklärungsgegners B steht und maßgeblich am Zustandekommen des Vertrags mitgewirkt hat. Man kann hier den Rechtsgedanken des § 278 heranziehen (vgl. BGB AT III, Rn. 436 ff.). Die Anfechtung nach § 123 ist durch die Spezialregelung der §§ 434 ff. nicht ausgeschlossen, da zur Begünstigung eines arglistigen Verkäufers kein Anlass besteht. Damit ist als Ergebnis festzuhalten, dass der **Kaufvertrag nach § 142 I rückwirkend nichtig ist und der Anspruch aus § 433 II damit nicht besteht.**

2. Anspruch aus dem Schuldversprechen, §§ 780, 781:

Das **Schuldversprechen ist abstrakt**, d.h. es ist in seinem Bestehen vollkommen **unabhängig von der Wirksamkeit des Grundgeschäfts**. Der Schuldner kann natürlich gegen das Schuldversprechen selbst vorgehen (Beispiel: Formnichtigkeit). Einwendungen aus dem Grundgeschäft können gegen das abstrakte Schuldversprechen dagegen nicht geltend gemacht werden (Ausnahmen sind §§ 656 II, 762 II). **Obwohl der Anspruch aus Kaufpreiszahlung also entfallen ist, besteht nach wie vor ein Anspruch des B gegen A aus §§ 780, 781**.

A ist jedoch **nicht schutzlos**. § 812 II stellt klar, dass das **Schuldversprechen eine Leistung ist**. Beachten Sie, dass es sich dabei nicht um eine eigenständige Kondiktionsart handelt, sondern nur der Begriff des Leistungsgegenstands bei einem Schuldversprechen klar gestellt wird. Soweit das Schuldversprechen rechtsgrundlos erteilt wurde, etwa weil wie hier das Grundgeschäft angefochten wurde, kann der Schuldner die **Einrede aus § 821** entgegensetzen.

Merken Sie sich: Die *Gefährlichkeit des abstrakten Schuldversprechens* liegt nicht so sehr in seiner Abstraktheit, da § 821 als Einrede erhoben werden kann. Seine hauptsächliche Wirkung besteht darin, dass der Gläubiger *allein aufgrund des Schuldscheins vorgehen* kann

---

hemmer-Methode: Die Einrede aus § 821 würde dem A nur dann nicht zustehen, wenn das urspr. Schuldverhältnis durch den Schuldschein umgeschafft werden sollte und die Auslegung ergibt, dass dem B der neue Anspruch ohne Rücksicht auf die frühere Schuld zustehen sollte. Im Aufbau der Klausur hat § 821 wie § 853 die Bedeutung einer Einrede gegen den Primäranspruch, vgl. deswegen im Aufbau auch in BGB AT III.

VI. Schuldanerkenntnis
Abstrakt 2

SchR-BT II
Karte 48

Das abstrakte Schuldanerkenntnis garantiert dem Gläubiger eine wesentliche Erleichterung, weil er sich im Prozess nur auf das entsprechende Schriftstück beziehen muss, um seinen Anspruch zu begründen. In solchen Fällen macht der Kläger seinen Anspruch meist im Urkundenprozess geltend, §§ 592 ff. ZPO.

Ein entsprechender Rechtsbindungswille des Schuldners ist deshalb nur selten anzunehmen. Problematisch ist, welche Einwendungen und Einreden er gegen das Schuldversprechen erheben kann.

A ficht den Kaufvertrag mit B an mit dem Argument, dass er von dem Angestellten X des B arglistig über den Benzinverbrauch des Sportwagens getäuscht wurde.

Den B wiederum „ficht das gar nicht an"; er verweist vielmehr auf den abstrakten Schuldschein, den er von A erhalten hat. Er meint, jedenfalls wegen des Schuldversprechens müsse A den Kaufpreis begleichen.

Hat B Ansprüche gegen A?

Juristisches Repetitorium
examenstypisch • anspruchsvoll • umfassend **hemmer**

1. Es könnte sich um ein ***abstraktes Schuldanerkenntnis*** (bzw. Schuldversprechen) im Sinne der §§ 780, 781 handeln. Das abstrakte Schuldanerkenntnis ist zu bejahen, wenn die **neue Verpflichtung von ihren wirtschaftlichen und rechtlichen Zusammenhängen losgelöst und rein auf den Leistungswillen des Schuldners abgestellt werden soll**. Entscheidend ist also, dass die Vertragspartner eine von der Verpflichtung aus dem Kaufvertrag unabhängige (abstrakte) Verbindlichkeit schaffen wollen. Der Gläubiger soll allein aufgrund des Schuldanerkenntnisses gegen den Schuldner vorgehen können, ohne auf das Kausalgeschäft (hier den Kaufvertrag) zurückgreifen zu müssen. Aus diesem Grund wird das abstrakte Schuldanerkenntnis auch **konstitutives** Schuldanerkenntnis genannt. Ob diese weit gehende Bindung gewollt ist, ist ein **Problem des Rechtsbindungswillens** und durch **Auslegung** zu ermitteln, **§§ 133, 157**. Ein Indiz ist es, wenn im Schuldschein der Schuldgrund nicht erwähnt wird, wie es hier zwischen A und B der Fall ist. Ein **abstraktes Schuldverhältnis ist damit zu bejahen**.

2. Die Erklärung des Schuldners bedarf der **Schriftform nach §§ 780, 781** nach § 126 I, II, soweit nicht eine andere Form vorgeschrieben ist. Eine **strengere Form** gilt dann, wenn für das Leistungsversprechen im Rahmen des **Kausalgeschäftes dies gesetzlich vorgeschrieben** ist, um eine Umgehung der Formvorschriften zu verhindern: z.B. § 311b I; ausdrücklich vorgesehen in § 518 I S. 2.

Beachten Sie auch, dass in einigen Fällen überhaupt keine Form eingehalten werden muss. Nach *§ 350 HGB* ist ein handelsrechtliches Schuldversprechen eines Kaufmanns formlos möglich (häufige Klausurfalle!). Beachten Sie auch *§ 782*.

3. Das **Verhältnis des Schuldversprechens zum Grundgeschäft ist durch seine Unabhängigkeit ("Abstraktheit") gekennzeichnet**. Im **Zweifel** wird ein Schuldversprechen **erfüllungshalber** nach § 364 II abgegeben, wenn es zur Sicherung einer bestehenden Schuld erteilt wird. In **Einzelfällen** ist es jedoch nach Auslegung auch möglich, dass die Parteien eine Schuldumschaffung wollen, das Schuldversprechen also an **Erfüllungs Statt** erteilt wird, vgl. § 364 I. Die Verpflichtung aus dem Grundgeschäft erlischt dann.

---

hemmer-Methode: Das Wichtigste, was Sie sich merken müssen, ist die Abstraktheit des Schuldversprechens von dem entsprechenden Grundgeschäft. Sind im Allgemeinen nur Verfügungen abstrakt, so ergibt sich bei §§ 780, 781 die Besonderheit, dass auch ein Verpflichtungsgeschäft abstrakt sein kann.

VI. Schuldanerkenntnis

Abstrakt 1

SchR-BT II
Karte 47

> Das abstrakte Schuldversprechen ist in §§ 780, 781 geregelt. Die beiden Vorschriften können zusammen zitiert werden, da der Unterschied zwischen einem Schuldversprechen nach § 780 („Ich verspreche, 100.000 € zu zahlen.") und einem Schuldanerkenntnis gemäß § 781 („Ich erkenne an, 100.000 € zu schulden.") nur sprachlicher Natur ist. Beachten Sie jedoch, dass §§ 780, 781 lediglich Formvorschriften sind. Korrekt wäre die Zitierung §§ 311 I, 241 I, 780, 781.

A und B schließen einen Kaufvertrag über einen neuen Sportwagen. B möchte zusätzliche Sicherheiten und verlangt einen Schuldschein. A gibt dem B darauf einen schriftlichen Schuldschein, auf dem nur vermerkt ist, dass A gegenüber dem B eine Schuld über 100.000 € anerkennt.

Ist dieser Schuldschein wirksam? Welche Besonderheiten sind zu beachten?

Juristisches Repetitorium
examenstypisch • anspruchsvoll • umfassend **hemmer**

1. Ordentliche Kündigung: Wenn ein Dienst- oder Arbeitsvertrag auf unbestimmte Zeit geschlossen wird, ist die ordentliche Kündigung der **Normalfall der Beendigung**. Die erforderliche **Kündigungsfrist** wird für freie Dienstverhältnisse in **§ 621** festgelegt, für Arbeitsverträge in **§ 622** (vgl. ArbeitsR, Rn. 143 ff.). Notwendig ist daneben nur eine **wirksame Kündigungserklärung** (beachten Sie hier v.a. **§§ 174, 180** und beim Arbeitsvertrag die **Formvorschrift des § 623**). Ein **Kündigungsgrund** muss dagegen **nicht** angegeben werden (Umkehrschluss aus § 626 II S. 3). Das Recht zur Kündigung wird zugunsten des AN *eingeschränkt durch Spezialgesetze: z.B. KSchG.*

2. Außerordentliche Kündigung: § 626 gibt für alle Dienst- oder Arbeitsverhältnisse (auch befristete) ein Recht zur außerordentlichen Kündigung. § 627 gilt daneben für Dienste höherer Art (Beispiel: Rechtsanwalt aufgrund seiner besonderen Vertrauensstellung). Die **Frist in § 626 II ist eine Ausschlussfrist**, d.h. die Kündigung ist bei Versäumung der Frist unwirksam. Bei der Beurteilung, ob ein **wichtiger Grund** vorliegt, sind alle Umstände des Einzelfalls heranzuziehen. Es muss dem AG unzumutbar sein, das Arbeitsverhältnis bis zu dem Zeitpunkt fortzusetzen, zu dem es endet bzw. durch ordentliche Kündigung beendet werden könnte. Vgl. auch ArbeitsR, Rn. 109 ff.

3. Anfechtung: Der Dienst- und Arbeitsvertrag kann **nach §§ 119 ff.** angefochten werden. Allerdings greift jedenfalls beim Arbeitsvertrag trotz der **ex-tunc-Wirkung des § 142 I** keine bereicherungsrechtliche Rückabwicklung ein, da dies nicht mit dem Charakter des Vertrags als Dauerschuldverhältnis vereinbar wäre. Bei einem Arbeitsvertrag, der in Vollzug gesetzt wurde, führt die Anfechtung zu einem „fehlerhaften Arbeitsverhältnis" (vgl. ArbeitsR, 310 ff.).

4. Befristung: Wird der Dienstvertrag nur für eine bestimmte Zeit geschlossen, so endet er mit dem vorgesehenen Zeitpunkt, **§ 620 I**. Beim Arbeitsvertrag ist allerdings das TzBfG zu beachten, damit der Kündigungsschutz des AN nicht umgangen wird (dies ist nach §§ 1, 23 KSchG zu beurteilen): **Die Befristung ist gemäß § 14 I S. 1 TzBfG nur wirksam, wenn ein sachlicher Grund besteht.** Entscheidend ist, ob ein verständiger AG im konkreten Fall ein Arbeitsverhältnis auf unbestimmte Zeit begründet hätte. **§ 14 I S. 2 TzBfG** nennt Beispiele für sachliche Gründe. *Fehlt der sachliche Grund,* besteht das Arbeitsverhältnis als unbefristetes § 16 S. 1 HS 1 TzBfG (vgl. ArbeitsR, Rn. 328 ff.). Gemäß **§ 14 IV TzBfG** bedarf die Befristung zu ihrer Wirksamkeit der Schriftform. Zu beachten ist die **Präklusionsfrist des § 17 TzBfG**, wonach die Unwirksamkeit der Befristung nur **innerhalb von drei Wochen** nach dem vereinbarten Ende des Arbeitsvertrages geltend gemacht werden muss.

V. Dienstvertrag
Beendigung

SchR-BT II
Karte 46

Beim Dienstvertrag kann zwar grundsätzlich ein Schadensersatzanspruch aus §§ 280, 281, 283 geltend gemacht werden. Die Möglichkeit zum Rücktritt nach den §§ 323, 324, 326 V besteht dagegen nicht, da eine Rückabwicklung des Dauerschuldverhältnisses zu unüberbrückbaren Schwierigkeiten führen würde.

An die Stelle des Rücktrittsrechts tritt das Recht zur Kündigung.

Stellen Sie eine Übersicht zu den Regeln der Kündigung zusammen.

Welche anderen Möglichkeiten gibt es, um einen Dienst- oder Arbeitsvertrag zu beenden?

Juristisches Repetitorium
examenstypisch • anspruchsvoll • umfassend **hemmer**

1. Anspruch des Arbeitnehmers aus § 280 I wegen Pflichtverletzung des Arbeitgebers:

In § 618 III wird der Anspruch des AN aus § 280 I vorausgesetzt und nur der Anspruchsumfang geregelt. Die Pflichtverletzung des AG kann sich ergeben **aus der Fürsorgepflicht, der Gleichbehandlungspflicht oder sonstigen Schutz- und Nebenpflichten** (vgl. etwa § 618). Im Bereich des **Personenschadens** (!) ist eine Besonderheit zu beachten: Der AG haftet **nur unter den Beschränkungen des § 104 SGB VII** (für den Anspruch gegen einen AN-Kollegen gilt § 105 SGB VII).

Merken Sie sich, dass zwischen Personen- und Sachschäden wegen des möglichen Anspruchsausschlusses durch §§ 104, 105 SGB VII genau differenziert werden muss. **Grund** für die Regelung im SGB: Der **AG zahlt in die Unfallversicherung ein, kann also nicht doppelt belastet werden; außerdem soll der Betriebsfrieden gewahrt bleiben**.

2. Anspruch des Arbeitgebers aus § 280 I wegen Pflichtverletzung des Arbeitnehmers:

Eine uneingeschränkte Haftung des AN ist unbillig (*Beispiel*: Der AN zerstört leicht fahrlässig eine sehr teure Maschine). Es gilt deshalb der von der Rechtsprechung aufgestellte Grundsatz: Die **Haftung des AN ist bei jeder betrieblichen Tätigkeit beschränkt** (sog. *innerbetrieblicher Schadensausgleich*). Es muss also ein innerer Zusammenhang mit dem Betrieb bestehen bzw. die Tätigkeit im Interesse des AG ausgeführt werden (vgl. ArbeitsR, Rn. 635). Die frühere, enge Rechtsprechung, wonach eine Einschränkung nur bei „gefahrgeneigter" Arbeit eingreift, ist überholt. Bei dem Haftungsumfang gilt grundsätzlich eine Dreiteilung: Der **AN haftet bei einfacher Fahrlässigkeit überhaupt nicht, bei mittlerer tritt eine Quotelung ein und ab grober Fahrlässigkeit haftet der AN voll**. Diese Dreiteilung kann aber nach einer Gesamtabwägung aller Umstände modifiziert werden. Schädigt der AN bei einer betrieblichen Tätigkeit einen Dritten, gelten die Grundsätze des innerbetrieblichen Schadensausgleichs nach außen nicht, der AN hat aber intern einen Freistellungsanspruch gegen den AG (vgl. ArbeitsR, Rn. 621 ff.).

Im Übrigen gilt die Beweislastumkehr des § 280 I S. 2 nicht zu Lasten eines Arbeitnehmers, § 619a.

> **hemmer-Methode: Die §§ 104, 105 SGB VII und der innerbetriebliche Schadensausgleich modifizieren nicht nur den Anspruch aus § 280 I, sondern z.B. auch Ansprüche aus Delikt. Denken Sie auch daran, dass durch diese Anspruchsausschlüsse das Problem der gestörten Gesamtschuld auftritt, sobald ein Dritter neben dem AG bzw. dem AN haftet.**

V. Dienstvertrag
Schadensersatzansprüche

SchR-BT II • Karte 45

Beim Dienstvertrag können beide Parteien Schadensersatz aus §§ 280 I, III, 281 verlangen, wenn der Vertragspartner seine Leistung nicht oder nicht vertragsgemäß erbringt. Die §§ 280 ff., 323 ff. werden durch die §§ 615, 616 modifiziert und durch die richterliche Lehre vom Arbeitskampf, Betriebs- und Wirtschaftsrisiko (im Arbeitsrecht) verdrängt. Sonstige Regelungen zur Schadensersatzpflicht bei Vertragsverletzungen finden sich im Gesetz (außer in § 628 II) nicht. Anwendbar ist deshalb der grds. subsidiäre § 280 I.

Müssen im Rahmen des § 280 I Besonderheiten beachtet werden, wenn es sich nicht um einen normalen Dienstvertrag, sondern einen Arbeitsvertrag handelt? Denken Sie an den Arbeitnehmerschutz.

Juristisches Repetitorium
examenstypisch • anspruchsvoll • umfassend **hemmer**

1. § 615 S. 1: Wenn der **Dienstberechtigte** sich **im Annahmeverzug gemäß §§ 293 ff.** befindet, kann der Dienstleistungsverpflichtete nach § 615 dennoch die Vergütung verlangen. **Annahmeverzug** ist gegeben, wenn der Gläubiger die **Leistung trotz Möglichkeit, Erfüllbarkeit und Angebot nicht annimmt**. Obwohl der Dienstleistung grundsätzlich Fixschuldcharakter zukommt, wird sie allein dadurch, dass sie eine bestimmte Zeit nicht erbracht wird, nicht unmöglich. Maßgebliches Kriterium zur Abgrenzung ist die Nachholbarkeit der Leistung; d.h. die §§ 275, 283, 326 sind nur anwendbar, wenn die Leistung nicht nachholbar ist. Grund: § 615 würde sonst weitgehend an Bedeutung verlieren und die Regelung des § 326 I genügt nicht dem Schutzbedürfnis des AN. Beachten Sie im **Arbeitsrecht**, dass nach der Rechtsprechung des BAG ein Leistungsangebot des Arbeitnehmers nach § 296 S. 1 überflüssig ist, falls der Arbeitgeber dem AN unberechtigt außerordentlich kündigt und ihm (wie meistens) keinen funktionsfähigen Arbeitsplatz zuweist, an dem dieser seine Leistung erbringen kann (vgl. ArbeitsR, Rn. 431 ff.).

2. § 615 S. 3: Lehre vom Betriebs- und Wirtschaftsrisiko
Die Anwendung des § 326 I ist für den AN unbillig, wenn die Unmöglichkeit auf einer Betriebsstörung beruht (Beispiel: Versagen von Maschinen). **Da der AG seinen Betrieb organisiert, muss er dafür auch die Verantwortung tragen**. Der AG trägt also das Betriebsrisiko. **Auch bei mangelnder Auftragslage ist die Vergütung vom AG zu begleichen** (sog. Wirtschaftsrisiko). Diese Grundsätze beruhen auf der von der Rechtsprechung entwickelten Lehre vom Betriebs- und Wirtschaftsrisiko. Gemäß § 615 S. 3, S. 1 i.V.m. § 611a II besteht ein Lohnanspruch. Die Vergütung kann aufgrund des betrieblichen Solidaritätsgedankens **ausnahmsweise dennoch entfallen, wenn andernfalls der Bestand des Betriebs ernsthaft in Gefahr ist** (vgl. ArbeitsR, Rn. 452 ff.).

3. § 616: Der Verhinderungsgrund muss in der Person des Dienstverpflichteten bestehen, sich also speziell auf ihn beziehen. Bei einer Verspätung aufgrund von Verkehrsstörungen greift § 616 nicht ein, da dieser Verhinderungsgrund sich auf einen größeren Personenkreis erstreckt. Beim Verschulden ist nicht auf ein technisches Verschulden i.S.v. § 276 abzustellen, sondern auf ein Verschulden gegen sich selbst (Beispiel: eine leichtsinnige Selbstgefährdung). Das **Hauptanwendungsfeld des § 616 besteht im Falle der Krankheit**. Bei AN wird § 616 aber durch das EFZG verdrängt (vgl. ArbeitsR, Rn. 485 ff.).

---

hemmer-Methode: § 3 EFZG gilt bei unverschuldeter Krankheit, § 3a EFZG bei Arbeitsunfähigkeit infolge Organspende, § 2 EFZG erhält dem AN auch an gesetzlichen Feiertagen den Lohnanspruch. Für das Urlaubsentgelt greift § 11 BUrlG. Während des Bestehens eines Beschäftigungsverbots einer schwangeren Arbeitnehmerin gilt § 11 MuSchG.

V. Dienstvertrag
Entgelt

SchR-BT II — **Karte 44**

In § 614 wird über die Bestimmung der Fälligkeit des Vergütungsanspruchs hinaus ein wichtiger Grundsatz normiert: **„Ohne Fleiß kein Preis"**. Der Dienstverpflichtete ist also vorleistungspflichtig. Der Grundsatz wird jedoch (wie üblich) in einigen Fällen durchbrochen, die teils sich direkt aus dem Gesetz entnehmen lassen (BGB oder andere), teils aber auf Rechtsprechung beruhen.

In welchen Ausnahmefällen kann der Dienstverpflichtete die Vergütung verlangen, ohne seinerseits die geschuldete Leistung zu erbringen?

1. Der *Dienstvertrag* ist nach § 611 ein **gegenseitiger, schuldrechtlicher Vertrag**. Der eine Vertragspartner verpflichtet sich zur **Leistung bestimmter Dienste** (sog. Dienstverpflichteter), der andere im **Gegenzug zur Leistung einer bestimmten Vergütung** (sog. Dienstberechtigter). Kennzeichnend ist also die Leistung von Diensten gegen Entgelt. Diese Pflichten sind synallagmatisch, stehen also im Gegenseitigkeitsverhältnis i.S.d. §§ 320 ff. Durch den Dienstvertrag wird in der Regel ein Dauerschuldverhältnis begründet (Dienstverhältnis).

2. Abgrenzungen:

- *Arbeitsvertrag, § 611a*: Arbeitsrecht ist das Sonderrecht der Arbeitnehmer. Der zwischen Arbeitgeber und Arbeitnehmer abgeschlossene Arbeitsvertrag ist ein **Unterfall des Dienstvertrags**. Das Arbeitsrecht hat sich inzwischen weitgehend verselbständigt mit zahlreichen Sondervorschriften und eigenen Regeln. Die §§ 611 ff. werden, soweit sie Anwendung finden, häufig davon überlagert. Arbeitnehmer ist, wer fremdbestimmte, unselbständige Arbeit leistet bzw. eine vom Arbeitgeber abhängige, weisungsgebundene (§ 106 GewO) Tätigkeit ausübt (vgl. auch ArbeitsR, Rn. 17 ff.). Der **Grad der Abhängigkeit des Dienstverpflichteten entscheidet also darüber, ob ein Arbeitsvertrag oder ein (freier) Dienstvertrag vorliegt**.

- *Werkvertrag, § 631*: Auch beim Werkvertrag gemäß § 631 verpflichtet sich der eine Vertragspartner zur Leistung von Diensten und der andere zur Zahlung von Vergütung. Die Dienstleistung ist hier aber **konkretisiert auf die Herstellung eines Werks**. Entscheidendes Abgrenzungskriterium: Beim Dienstvertrag nach §§ 611 ff. wird für den Lohn die Dienstleistung als solche geschuldet (ohne Rücksicht auf das Ergebnis), beim **Werkvertrag** kommt es für die Erlangung des Werklohnanspruches dagegen auf einen **bestimmten Erfolg** an. Ob der eine oder der andere Vertrag vorliegt, kann nur durch die Auslegung des **Parteiwillens** geklärt werden. Es sind alle Umstände des Einzelfalls heranzuziehen; starre Abgrenzungskriterien lassen sich nicht aufstellen.

- *Geschäftsbesorgungsvertrag, § 675 I*: Diesem Vertrag kann sowohl ein Dienstvertrag als auch ein Werkvertrag zugrunde liegen. Wesentliches, qualifizierendes Kriterium ist, dass der **Vertragsgegenstand eine selbständige, wirtschaftliche Tätigkeit** ist (insbesondere die Wahrnehmung fremder Vermögensinteressen), die **für einen anderen übernommen** wird. Über § 675 I finden neben den §§ 611 ff. bzw. §§ 631 ff. die dort genannten Vorschriften des Auftragsrechts entsprechende Anwendung.

> **hemmer-Methode:** Beim Rechtsanwalt liegt ein Dienstvertrag vor, wenn ein Dauerberatungsvertrag abgeschlossen wird. Ansonsten wird ein Geschäftsbesorgungsvertrag abgeschlossen, dem bei einer Gutachtenerstellung ein Werkvertrag und beim „normalen" Mandat ein Dienstvertrag zugrunde liegt.

V. Dienstvertrag

Allgemeines

Wenn jemand einen anderen verpflichtet, für ihn bestimmte Dienste zu leisten, so können die Parteien verschiedene Verträge abschließen. In Betracht kommen Dienstvertrag, Werkvertrag, Arbeitsvertrag oder auch Mischformen mit anderen Vertragselementen.

Wie ist ein Dienstvertrag i.S.d. §§ 611 ff. zu charakterisieren und welche Pflichten konstituiert er? Durch welche Merkmale ist er von anderen Verträgen abzugrenzen?

1. Gliederung des Standardfalls:

Rückzahlungsanspruch aus §§ 346 I, 313 III

a. Der LG hat die Leasingraten erhalten.

b. Es müsste ein **Rücktrittsrecht** bestehen. Nach h.M. entfällt mit dem Rücktritt vom Kaufvertrag die Geschäftsgrundlage. Da eine **Vertragsanpassung** in diesem Fall **nicht möglich** ist (**Achtung**: bei der Minderung wäre eine Anpassung der Leasingraten möglich), kommt über **§ 313 III** nur ein Rücktrittsrecht in Betracht.

c. Rücktritt: Der LN muss vom Leasingvertrag gemäß **§ 349** zurücktreten. Dieser Rücktritt liegt regelmäßig im Verlangen nach Rückzahlung der Leasingraten.

d. Umfang des Anspruchs: Der LG ist nach § 346 I zur **Rückzahlung der Leasingraten** verpflichtet. Dem LG steht aber gemäß **§ 346 I** ein **Gegenanspruch** aus **Nutzungsersatz** sowie auf **Rückgabe des Besitzes** am Leasinggegenstand zu.

2. Bindung des LG durch den Vorprozess zwischen LN und Verkäufer:

Grundsätzlich wirkt das Urteil nur zwischen den Parteien. Ein Fall der Rechtskrafterstreckung nach §§ 325 ff. ZPO liegt nicht vor. Der **BGH lässt es trotzdem nicht zu, dass der LG sich ohne Rücksicht auf den Vorprozess auf die Mangelfreiheit beruft.** Mit der Abtretung der kaufvertraglichen Mängelrechte erkennt der LG zugleich die Konsequenzen aus der möglichen Geltendmachung an. Das ergibt eine ergänzende Vertragsauslegung. Eine spätere Berufung auf die Mangelfreiheit verstößt gegen § 242. Der LN muss den LG aber grundsätzlich von dem Prozess in Kenntnis setzen, damit dieser seine Interessen wahren kann, z.B. indem er als *Nebenintervenient nach §§ 66 ff. ZPO* auftritt.

---

hemmer-Methode: Der Leasingnehmer kann sich nicht darauf beschränken, den Rücktritt vom Kaufvertrag materiell-rechtlich zu erklären, um sodann gleich gegen den Leasinggeber gerichtlich vorzugehen. Er ist verpflichtet erst im Rahmen eines Prozesses gegen den Verkäufer die Mangelhaftigkeit klären zu lassen, vgl. dazu BGH, Life&Law 10/2010, 663 ff.

IV. Leasing
Übersicht - Prozess

SchR-BT II
Karte 42

Sie haben nun eine Fülle von Einzelproblemen zum Leasingvertrag gelernt. Komprimieren Sie das Gelernte auf das Wesentliche. Im Standardfall wird Ihnen die Frage gestellt, ob der LN vom LG die bezahlten Leasingraten zurückverlangen kann, nachdem der LN gegen den Verkäufer erfolgreich den Prozess bzgl. der Wirksamkeit des Rücktritts geführt hat. Die §§ 536 ff. sind nach dem Leasingvertrag ausgeschlossen, jedoch die Ansprüche aus §§ 433 I S. 2, 434 ff. gegen den Verkäufer abgetreten.

Erstellen Sie eine grobe Gliederung zum Standardfall des Leasings!

Könnte der LG sich auf die angebliche Mangelfreiheit des Leasinggegenstands berufen, obwohl im Prozess über die Wirksamkeit des Rücktritts zwischen LN und Verkäufer die Mangelhaftigkeit bereits festgestellt wurde?

Juristisches Repetitorium
examenstypisch • anspruchsvoll • umfassend **hemmer**

Rückabwicklung nach §§ 346 ff. (vgl. dazu Schuldrecht BT 2, Rn. 150):

1. Der **LN kann alle bereits bezahlten Leasingraten vom LG zurückverlangen**, da der Leasingvertrag nach dem Rücktritt vom Kaufvertrag und die dadurch bedingte Störung der GG, § 313 I, III, nach § 346 rückabzuwickeln ist. Damit entfällt auch die Verpflichtung zur weiteren Zahlung.

Gemäß § 346 I ist der LG zur Rückzahlung der Raten verpflichtet sowie zum Nutzungsersatz im Hinblick auf die Leasingraten.

2. Der LG kann vom LN gemäß **§ 346 I** die **Herausgabe des Besitzes** an dem Leasinggegenstand verlangen.

3. Der **LG** kann vom LN gemäß **§ 346 I** die vom LN **gezogenen Nutzungen** herausverlangen. **Gemäß § 346 II S. 1, Nr. 1 hat der LN regelmäßig Wertersatz zu leisten, da eine Herausgabe der Nutzungen (Gebrauchsvorteile im Hinblick auf den PKW) in Natur nicht möglich ist.**

---

hemmer-Methode: Führt der Leasingnehmer einen Prozess gegen den Verkäufer, obwohl die Haftungsfreizeichnung durch den Leasinggeber wegen § 307 unwirksam war, so hat der LN einen Anspruch auf Erstattung der Prozesskosten aus GoA. Nach der BGH-Rechtsprechung ist der Fremdgeschäftsführungswille des LN auch dann zu bejahen, wenn er der Meinung war, mit der Prozessführung eine eigene Verpflichtung aus dem Leasingvertrag zu erfüllen.

IV. Leasing
Rücktritt vom Kaufvertrag 2

SchR-BT II
Karte 41

Nach gefestigter Rechtsprechung des BGH führt der Rücktritt vom Kaufvertrag zur Störung der Geschäftsgrundlage des Leasingvertrages, § 313. Anwendbar sind dann die §§ 346 ff.

Welche Posten sind dann in die Rückabwicklung einzustellen?

1. Der **Gewährleistungsausschluss** des LG gegenüber dem LN ist **nur dann wirksam, wenn dieser im Gegenzug die eigenen Rechte gegen den Verkäufer abtritt.** Das bedeutet aber nur, dass der LN sich zunächst mit dem Verkäufer auseinandersetzen soll. Ob ihm auch die Zahlungsansprüche aus einem erfolgten Rücktritt zustehen, ist eine andere Frage.

Nach überwiegender Auffassung liegt in der Abtretung der Mängelansprüche nicht die Abtretung der Forderung auf Rückzahlung des Kaufpreises. Der LN soll seine abgetretenen Rechte nur in einem Prozess durchsetzen. Nach Erklärung des Rücktritts muss der Verkäufer den Kaufpreis an den LG zurückzahlen und dieser den Leasinggegenstand zurück übereignen, §§ 437 Nr. 2, 440, 323, 346 ff.

2. Könnte der LN dem LG die Einrede der Mangelhaftigkeit entgegensetzen mit der Konsequenz, dass er die Leasingraten nicht mehr begleichen müsste, so wäre der LN in keiner Weise gezwungen, gegen den Verkäufer einen Prozess zu führen. Eine einfache Überlegung zeigt, dass dies nicht möglich sein kann: Solange der LN nicht klagt, kann der LG nach obigen Grundsätzen auch bei Mangelhaftigkeit den Kaufpreis nicht vom Verkäufer zurückverlangen (zudem droht die Verjährung, § 438) und von dem LN kann er die Leasingraten nicht mehr verlangen. Der LN ist daher erst dann zur vorläufigen Einstellung der Zahlung der Leasingraten gem. § 320 BGB berechtigt, wenn er aus dem erklärten Rücktritt klageweise gegen den Lieferanten vorgeht, falls dieser den Rücktritt vom Kaufvertrag nicht akzeptiert (vgl. **BGH, Life&Law 10/2010, 663 f.**).

3. Mit dem Rücktritt vom Kaufvertrag wird dem Leasingvertrag nachträglich die Geschäftsgrundlage entzogen. Grundlage des Leasingvertrags ist das Fortbestehen des Kaufvertrags. Wenn der LG aufgrund des Rücktritts dem Verkäufer den Leasinggegenstand zurückübereignen muss, kann er dem LN den Gebrauch nicht mehr einräumen. Dementsprechend kann er auch die Leasingraten nicht mehr verlangen.

Der BGH wendet hier in ständiger Rechtsprechung das Institut der Störung der Geschäftsgrundlage, § 313 an. Da bei Rücktritt eine Vertragsanpassung nicht möglich ist (anders bei Minderung) erfolgt nach **§ 313 III S. 1** eine **Rückabwicklung** über die **§§ 346 ff.** Obwohl es sich beim Leasing um ein Dauerschuldverhältnis handelt, wendet die h.M. nicht § 313 III S. 2 an, da eine Kündigung den LN nicht ausreichend schützen würde.

---

hemmer-Methode: Wiederholen Sie die Störung der GG gemäß § 313. Geschäftsgrundlage ist ein Umstand, der von mindestens einer Partei bei Vertragsschluss vorausgesetzt wurde und der für diese auch so wichtig war, dass sie den Vertrag nicht oder anders geschlossen hätte, wenn sie die Richtigkeit ihrer Voraussetzung als fraglich erkannt hätte, so dass einer der Vertragsparteien das Festhalten am unveränderten Vertrag nicht zugemutet werden kann.

IV. Leasing
Rücktritt vom Kaufvertrag I

SchR-BT II — Karte 40

Wenn der LG dem LN seine Gewährleistungsrechte aus dem Kaufvertrag mit dem Verkäufer abtritt - wie es beim Leasing regelmäßig der Fall ist -, so wirft das eine Reihe von Problemen auf. Kann der LN z.B. nach einem Rücktritt gegenüber dem Verkäufer den Kaufpreis nach §§ 437 Nr. 2, 440, 323, 346 ff. herausverlangen, obwohl dieser ursprünglich vom LG beglichen wurde? Muss der LN auch nach dem Rücktritt noch die Leasingraten an den LG zahlen? Kann er diesem - auch ohne einen Prozess gegen den Verkäufer führen zu müssen - eine Einrede entgegenhalten?

Versuchen Sie, diese Fragen zu klären.

1. Sofern die §§ 305 ff. anwendbar sind, ist die Inhaltskontrolle des Gewährleistungsausschlusses durch die Allgemeinen Geschäftsbedingungen an den §§ 307 ff. zu prüfen.

2. § 309 Nr. 8 b) aa)

Vor der Generalklausel des § 307 ist § 308 sowie § 309 auf Spezialregelungen durchzusehen. Wenn der LN kein Unternehmer ist (§ 310 I), könnte § 309 Nr. 8 b) aa) anwendbar sein. Der Leasingvertrag ist aber kein Vertrag, der die „Lieferungen neu hergestellter Sachen" zum Gegenstand hat. Lieferung bedeutet, dass die Sache übereignet wird. § 309 Nr. 8b) erfasst damit nur Kaufverträge und Werkverträge, nicht aber Gebrauchsüberlassungsverträge.

3. Wenn der LN auch den Anspruch auf Schadensersatz ausschließt, muss der Haftungsausschluss aber der Inhaltskontrolle anhand des § 309 Nr. 7 BGB standhalten.

Wichtig ist dabei, dass zwischen der Haftung für die Verletzung von Leben, Körper, Gesundheit einerseits und sonstigen Schäden andererseits differenziert wird.

4. § 307 II Nr. 2

Beim Leasingvertrag wird es von der Rechtsprechung grundsätzlich aus der oben genannten Erwägung gebilligt, wenn der LN sich an den Verkäufer halten muss. Der Ausschluss der Gewährleistungsrechte findet allerdings dort seine Grenze, wo der LN „rechtlos gestellt" wird. Das ist in zwei Konstellationen der Fall.

■ Der Verkäufer darf sich gegenüber dem LG nicht weitergehend von der Haftung aus dem Kaufvertrag freigezeichnet haben, als ihm dies gegenüber dem LN möglich gewesen wäre.

■ Der LG muss dem LN die Ansprüche ausdrücklich und vorbehaltlos abtreten oder ihn ermächtigen, sie geltend zu machen. Ein Vorbehalt des jederzeitigen Widerrufs stellt eine unangemessene Benachteiligung dar.

---

hemmer-Methode: Es handelt sich hier um eine ständige Rechtsprechung, die Sie kennen müssen. Dreh- und Angelpunkt ist dabei der Gedanke, dass der LN sich schließlich den Verkäufer und den Leasinggegenstand herausgesucht hat. Der LN muss also die abgetretenen Mängelansprüche gegen den Verkäufer gerichtlich geltend machen. Wenn es sich beim LN um einen Verbraucher handelt, werden ihm durch die Abtretung nicht die Vorteile der §§ 474 ff. verschafft. Das dürfte freilich kaum etwas an der Wirksamkeit der Klausel ändern. Jedenfalls stellt ein Leasingvertrag kein Umgehungsgeschäft i.S.d. § 476 I S. 2 dar, Life&Law 08/2005, 514.

IV. Leasing

SchR-BT II
Karte 39

> In der Regel schließt der Leasinggeber (LG) die mietvertraglichen Mängelrechte in seinen Allgemeinen Geschäftsbedingungen aus. Da das Finanzierungsleasing als atypischer Mietvertrag behandelt wird, hätte der Leasingnehmer (LN) also keine Rechte aus §§ 536 ff. Im Gegenzug tritt der LG dem LN seine Gewährleistungsansprüche aus dem Kaufvertrag mit dem Verkäufer ab. Dieses Modell hat sich in der Praxis durchgesetzt.

Warum scheitert der Gewährleistungsausschluss des LG nicht an den §§ 305 ff.?

Ein **Leasingvertrag** liegt vor, wenn der LG dem LN einen Gegenstand gegen Zahlung von Leasingraten zum Gebrauch überlässt und den LN die Sachgefahr (Untergang) und die Instandhaltungspflicht trifft. In der Regel schließt der LG die Haftung für Sachmängel aus und tritt dem LN stattdessen seine Gewährleistungsansprüche aus dem Kaufvertrag ab. Normalerweise wird eine feste Grundleasingzeit vereinbart. Die **Rechtsnatur des Leasingvertrags** ist umstritten. Vorgeschlagen wird u.a. ein Vertrag sui generis oder ein gemischttypischer Vertrag. Nach h.M. ist er als **atypischer Mietvertrag** zu qualifizieren (atypisch, weil die Instandhaltungspflicht hier auf den Mieter abgewälzt wird).

1. Finanzierungsleasing:

Der Begriff wird vom Gesetzgeber nicht (mehr) direkt verwendet. Es handelt sich um einen Unterfall einer entgeltlichen Finanzierungshilfe. In § 506 II Nr. 2 und Nr. 3 sind die klassischen Formen des Finanzierungsleasing aufgeführt, wenn der LN Verbraucher ist. Typisch für das Finanzierungsleasing ist das **Dreiecksverhältnis, das zwischen Leasingnehmer (LN), Leasinggeber (LG) und Verkäufer besteht. Zwischen LG und Verkäufer wird ein Kaufvertrag, zwischen LG und LN der Leasingvertrag abgeschlossen.** Beim **Finanzierungsleasing** erreicht der LG die (nahezu) volle Amortisation der Aufwendungen und Kosten für die Anschaffung bereits durch einmalige Gebrauchsüberlassung. Das heißt, der LN hat für die Amortisation (Finanzierung) einzustehen durch Sonderzahlung, monatliche Leasingraten und den Restwert).

2. Andere Leasingmodelle:

Beim **Operatingleasing** ist die **Vertragsdauer unbestimmt oder sehr kurz, die Kündigung erleichtert bzw. jederzeit möglich.** In der Regel liegt hier ein **reiner Mietvertrag** vor. Beim **Herstellerleasing** fehlt das typische Dreiecksverhältnis: Der **Hersteller/Verkäufer ist selbst der LG.** Das Geschäft dient der *Absatzfinanzierung*. Je nach Vereinbarung liegt ein Miet-, ein Teilzahlungskauf oder reine Miete vor. Beim Modell des sale-and-lease-back ist der LN selbst Eigentümer, verkauft und übereignet aber seinen Gegenstand an den LG, um ihn von ihm zu leasen.

---

hemmer-Methode: Beachten Sie die Abgrenzung des Leasingvertrags von anderen Verträgen. Beim reinen Mietvertrag trifft die Instandhaltungspflicht den Vermieter, beim Mietkauf wird zusätzlich immer eine Kaufoption vereinbart und die Sachgefahr liegt noch beim Vermieter. Auch beim finanzierten Kauf liegt zwar ein Dreiecksverhältnis vor (Problem des Einwendungsdurchgriffs, §§ 358, 359). Jedoch schließt dort der Verbraucher zwei Verträge ab (Kauf und Darlehen), während beim Leasing der LG - also nicht der Endabnehmer - zwei Verträge abschließt. Die §§ 358, 359 sind wegen des fehlenden Dreiecksverhältnisses nicht anwendbar. Zur Verweisung in § 506 I auf die §§ 358 ff. lesen Sie Schuldrecht BT II, Rn. 157.

IV. Leasing

Abgrenzungen

SchR-BT II
Karte 38

> Wenn jemand eine teure Sache zur Verfügung haben will, kann er dies auf mehrere Arten erreichen. Zunächst steht es ihm offen, einen Kaufvertrag abzuschließen, und diesen mit einer Ratenzahlungsvereinbarung zu modifizieren. Genauso ist es möglich, mit einer Bank einen Darlehensvertrag zur Finanzierung abzuschließen. In diesen Fällen ist stets die Anwendbarkeit der §§ 491 ff. zu prüfen. Ein dritter Weg besteht in der Bestellung von Sicherheiten. Legt man keinen Wert darauf, Eigentümer zu werden, bietet sich ein Mietvertrag an.

In der Praxis hat es sich vielfach durchgesetzt, das Objekt zu leasen.

Was ist „Leasing"?

Grenzen Sie die verschiedenen Leasingmodelle voneinander und von anderen ähnlichen Verträgen ab!

Juristisches Repetitorium
examenstypisch • anspruchsvoll • umfassend **hemmer**

1. Nach dem Gesetzeswortlaut muss der **Hauptvertrag mit einem Dritten, also nicht dem Makler selbst** abgeschlossen sein (bei Identität: echte Verflechtung). Selbsteintritt ist nicht möglich. **Abzustellen** ist nicht auf die formale rechtliche Stellung, sondern **auf das zugrunde liegende wirtschaftliche Verhältnis**. Entscheidend ist, ob der Makler und der Dritte die Fähigkeit zur selbständigen, unabhängigen Willensbildung haben. Es genügt eine Beziehung zum Dritten, auf Grund derer sich der Makler im Streitfall wegen eines Interessenkonflikts regelmäßig auf die Seite des Dritten stellen würde (sog. *unechte Verflechtung*).

Andererseits kann nicht jede noch so geringfügige Beteiligung des Maklers an einer Gesellschaft zur Folge haben, dass der Vertrag nicht mit einem „Dritten" zustande gekommen ist. Ab einer Beteiligung von 25% entfällt der Provisionsanspruch jedenfalls, wenn eine enge personelle, räumliche und funktionelle Verflechtung vorliegt. Hier ist Argumentation gefragt (vgl. zu dieser Problematik auch **BGH, Life&Law 05/2019, 300 ff.** sowie **BGH, Life&Law 06/2019, 381 ff.**!).

2. Bei dem Problem des späteren Wegfalls des Vertrags mit dem Dritten muss man sich Folgendes merken: Der **Provisionsanspruch entfällt grds. nur dann, wenn der Vertrag wegen einer im Vertragsschluss selbst liegenden Unvollkommenheit wieder beseitigt wird**. Der **Mangel muss bereits angelegt sein.** Die Abgrenzung folgt einer wertenden Abschichtung von Risikosphären, da der Makler nur bis zu diesem Zeitpunkt Einfluss nehmen kann. Differenzieren Sie:

- **Nichtigkeit:** Bei einem gesetzlichen Verbot oder einem Formverstoß liegt schon kein ursprünglich gültiger Vertrag vor. Der Provisionsanspruch entsteht aber mit Heilung.
- **Anfechtung:** Kein Provisionsanspruch wegen § 142 I.
- **Bedingung:** Ist sie aufschiebend vereinbart, entsteht der Anspruch mit Bedingungseintritt (§ 652 I S. 2). Bei einer auflösenden Bedingung dagegen ist die Provision sofort zu zahlen; der Anspruch wird durch den Eintritt der Bedingung grds. nicht berührt. Ausnahme: Parteivereinbarung.
- **Bei nachträglicher Unmöglichkeit, Kündigung, vertraglicher Wiederaufhebung und bei Ausübung eines gesetzlichen Rücktrittsrechts bleibt der Lohnanspruch erhalten.** Der Makler hat keinen Einfluss darauf und muss daher für diese Risiken nicht einstehen. Bei einem vertraglichen Rücktritt ist eine Auslegung vorzunehmen, ob die Provision bestehen bleiben soll. **Achtung:** Wäre statt des Rücktritts auch eine Anfechtung möglich gewesen, so entfällt aber ausnahmsweise der Anspruch auf die Maklercourtage.
- Beim **(großen) Schadensersatz statt der ganzen Leistung** ist dies wiederum anders, weil sich der Käufer dann die Vorteile der Vertragsdurchführung sichern möchte. Dann muss er auch die Courtage zahlen, BGH, Life&Law 12/2009, 812 ff.

> **hemmer-Methode: Der Makler trägt das Risiko des Zustandekommens, nicht das Durchführungsrisiko.**

III. Maklervertrag

Typische Probleme 2 (Drittvertrag)

SchR-BT II
Karte 37

> Durch die Einbeziehung des Dritt- oder Hauptvertrags in die Anspruchsvoraussetzungen des § 652 I S. 1 ergibt sich eine Dreipersonenkonstellation, die im Examen immer beliebt ist.

Ein Problem ergibt sich dann, wenn der Auftraggeber mit einer Vertragspartei abschließt (z.B. einer Gesellschaft), an der der Makler selbst beteiligt ist.

Erhält der Makler dann seinen Provisionsanspruch?

Eine andere Variante wirft das Problem auf, was geschieht, wenn der Drittvertrag zwar zunächst zustande gekommen ist, später aber wegfällt.

Kann der Makler in diesem Fall die Provision beanspruchen? Versuchen Sie dabei, nach den verschiedenen Gründen des Wegfalls des Drittvertrages zu differenzieren.

Juristisches Repetitorium
examenstypisch • anspruchsvoll • umfassend **hemmer**

1. Der Maklervertrag ist **grundsätzlich nicht formbedürftig**. Ist Gegenstand der Verträge z.B. ein Grundstück, so gilt für den Maklervertrag (grundsätzlich!) § 311b I nicht, da keine Verpflichtung zum Kauf oder Verkauf an den Vertragspartner besteht. Die Parteien **können** aber die **Schriftform vereinbaren, vgl. § 127**.

Eine Anwendung von gesetzlichen Formvorschriften kommt aber in Betracht, wenn diese ansonsten ihrer Funktion beraubt werden (Warn-, Beratungs-, Klarstellungs- und Kontrollfunktion).

2. Dies ist zum einen der Fall, wenn der Auftraggeber sich **verpflichtet**, ein **Grundstück zu festgelegten Bedingungen an jeden vom Makler zugeführten Interessenten zu veräußern**. Die Anwendung des **§ 311b I** auf den Maklervertrag wird damit begründet, dass schon der Maklervertrag eine mittelbare Verpflichtung zur Übertragung des Grundstücks beinhaltet. Die **Warnfunktion** des § 311b I würde deshalb leerlaufen, wenn man diese Norm nur auf den Vertrag mit dem Dritten anwenden würde.

3. Zum anderen ist **§ 311b I auch dann anwendbar, wenn** der Auftraggeber sich zwar nicht zum Verkauf verpflichtet, **er aber dem Makler die Zahlung der Provision bei Verweigerung des Verkaufs verspricht.** Argument: **Umgehung der Warnfunktion und Verkaufsdruck auf den Grundstückseigentümer**. Die Provisionsklausel wird als Strafgedinge qualifiziert, das nach § 344 (analog bei einem sog. selbständigen Strafgedinge) ebenso wie der Maklervertrag nach §§ 125, 311b I unwirksam ist. § 311b I greift allerdings erst ein, wenn ein „**unangemessener Druck** in Richtung auf die Grundstücksveräußerung" ausgeübt wird, also nicht bei Aufwendungsersatz oder mäßiger Vergütung (bis zu 20% der Provision): vgl. auch BGB AT II, Rn. 90.

4. Mit dem Problem der ausnahmsweise erforderlichen Form ist in Klausuren die *Diskussion der Heilung* verknüpft, falls die Formvorschrift nicht beachtet wurde. Bei einem Grundstückskauf ist *§ 311b I S. 2* heranzuziehen, wonach die Heilung bei Auflassung und Eintragung ins Grundbuch eintritt. Nach dem Gesetz ist also der Zeitpunkt der dinglichen Erfüllung des Vertrags mit dem Dritten maßgebend. Nach dem BGH wird der Formmangel allerdings schon mit der notariellen Beurkundung des schuldrechtlichen Kaufvertrags mit dem Dritten geheilt (BGH, NJW, 1987, 1628).

---

hemmer-Methode: Der Korrektor erwartet die Schlagworte „Umgehung der Warnfunktion" und „Verkaufsdruck". Denken Sie auch an die Parallelproblematik bei der unwiderruflichen Vollmacht.

III. Maklervertrag
Typische Probleme 1 (Form)

SchR-BT II
Karte 36

Sie haben im Rahmen des Anspruchs aus § 652 I S. 1 das Tatbestandsmerkmal „Maklervertrag" und die wichtigsten Abgrenzungen kennengelernt. Das Problem, das Ihnen bei diesem Merkmal sofort einfallen muss, ist die mögliche Formbedürftigkeit.

An welche Fälle ist dabei zu denken?

1. Lohnanspruch aus § 652 I
- **Abschluss** eines Maklervertrags
- **Leistung** des Maklers: Nachweis oder Vermittlung
- Zustandekommen eines **Vertrags mit einem Dritten** (Hauptvertrag bzw. Drittvertrag)
- **Kausalzusammenhang zwischen Maklerleistung und Vertragsschluss**

Der Maklervertrag ist **nicht gegenseitig i.S.d. §§ 320 ff.**, sondern **nur einseitig verpflichtend**. Kennzeichnend ist, dass der Makler nicht zum Tätigwerden verpflichtet ist, und der Auftraggeber umgekehrt die ausdrücklich oder nach § 653 stillschweigend vereinbarte Vergütung nur dann schuldet, wenn der Hauptvertrag gerade durch die Tätigkeit des Maklers geschlossen wurde.

2. Die Vertragsparteien können aufgrund der Privatautonomie die gegenseitigen Rechte und Pflichten auch anders ausgestalten. Sollte der Makler **vorformulierte Vertragsbedingungen** im Sinne von § 305 I verwenden, ist stets an eine Inhaltskontrolle nach **§§ 307 ff.** zu denken. Verlangt der Makler den Lohn, obwohl die Voraussetzungen des § 652 I nicht vorliegen, so ist zu prüfen, ob ein modifizierter Maklervertrag vereinbart wurde. Folgende Möglichkeiten kommen in Betracht:

- **Maklerdienstvertrag:** Soll der Makler entgegen §§ 652 ff. zum Tätigwerden verpflichtet sein, kann ein Maklerdienstvertrag abgeschlossen werden. Auf diesen finden die **§§ 611 ff. ergänzend Anwendung.** Das Hauptbeispiel für den Maklerdienstvertrag ist der sog. Alleinauftrag, bei dem sich der Auftraggeber verpflichtet, nicht die Hilfe eines anderen Maklers in Anspruch zu nehmen. Im Gegenzug trifft den Makler die Pflicht, im Interesse des Auftraggebers tätig zu werden. Der Makler hat jedoch nicht automatisch einen Vergütungsanspruch allein aufgrund seiner Leistung nach §§ 611, 612. Dies muss gesondert vereinbart sein.
- **Maklerwerkvertrag:** Der Makler verpflichtet sich beim Werkvertrag anders als in den §§ 652 ff. für den **Eintritt eines bestimmten Erfolgs**, wodurch auch der Provisionsanspruch entsteht. *Hauptfall ist die Beschaffung einer bestimmten Finanzierung.*

Denken Sie auch an den *Handelsmakler*, der bestimmte Handelsgeschäfte betreibt, *§§ 93 ff. HGB.*

---

hemmer-Methode: Nach § 662 ist der Auftrag unentgeltlich, der Beauftragte kann aber nach § 670 Ersatz seiner Aufwendungen fordern (vgl. dagegen § 652 II).

III. Maklervertrag
Voraussetzungen

SchR-BT II
Karte 35

Es ist nicht immer leicht, einen geeigneten Vertragspartner selbst zu finden. In der Praxis wird daher oft ein Makler „beauftragt", der eine interessierte Vertragspartei finden soll. Das Gesetz hat in den §§ 652 ff. nur eine knappe Regelung für den Maklervertrag vorgesehen, die häufig durch Parteivereinbarung modifiziert wird. In der Klausur stellt sich dann das Problem, welche Vertragsart (z.B. Maklervertrag, Auftrag, Dienstvertrag) von den Parteien gewollt ist. Aufhänger ist dann oft die Frage, ob dem Makler ein Lohnanspruch zusteht.

Wann entsteht nach der gesetzlichen Grundregel ein Lohnanspruch für den Makler?

Welche Abgrenzungen zu anderen Vertragsarten sind typisch?

1. Anspruch des Mieters aus § 536a II

Aufwendungen sind freiwillige Vermögensopfer. Die Aufwendungen i.S.d. § 536a II müssen aber der Mängelbeseitigung dienen. Dies ist hier nicht der Fall gewesen.

2. § 539 I i.V.m. §§ 683 S. 1, 670 bzw. i.V.m. §§ 684 S. 1, 812 ff.

§ 539 I ist eine **Rechtsgrundverweisung**, es müssen also alle Voraussetzungen der §§ 677 ff. vorliegen. Die **Geschäftsführung ist nicht berechtigt**, weil es sowohl am Willen als auch am Interesse des Vermieters fehlt. Der Mieter führt zweitens zwar ein objektiv fremdes Geschäft, ihm **fehlte aber wohl der Fremdgeschäftsführungswille, da er den Pavillon für sich gebaut hat (str.)**. Die Ansprüche scheiden also aus.

3. §§ 951 I S. 1, 812 I S. 1 Alt. 2

Der **Pavillon** ist durch Verbindung ein **wesentlicher Bestandteil des Grundstücks** geworden gemäß §§ 946, 94 I S. 1. Es stellt sich das entscheidende Problem, ob **§ 539 I im Verhältnis zu §§ 951, 812 ff. eine verdrängende Spezialregelung** ist. Bekannt ist diese Frage (als Klassiker) für das Zusammenspiel zwischen §§ 994 ff. und § 951. Die eleganteste Lösung besteht darin, die Diskussion um den Verwendungsbegriff und eine mögliche Ausschließlichkeit darzustellen, den Weg über § 951 aber dann weiter zu verfolgen, wenn sich über die Grundsätze der aufgedrängten Bereicherung kein anderes Ergebnis ergibt, der Anspruch also ausgeschlossen ist. Der Vermieter kann mit dem Pavillon nicht das Geringste anfangen; er soll aber auch nicht „zwangsbeglückt" werden. Um die aufgedrängte Bereicherung abzuwenden, stehen ihm **zunächst die Abwehrmittel aus §§ 823 I, 1004 zur Verfügung**. Zudem kann der Bereicherte den Verwender auf sein **Wegnahmerecht** verweisen **nach § 539 II**. Sollten diese Mittel nicht ausreichen, ist die **Bereicherung ausnahmsweise subjektiv zu bestimmen**. Der **Verwender hat keinen Anspruch, wobei dies teilweise mit § 818 III, teilweise mit § 818 II begründet wird**.

> **hemmer-Methode:** Der Ausschlussgrund aus § 814 greift nicht ein, da dieser nur für die Leistungskondiktion gilt (vgl. zum Ganzen BereicherungsR, Rn. 45 ff.).

II. Miete

Verwendungen

SchR-BT II
Karte 34

Ein beliebtes Thema in Klausuren ist die Frage nach der Ersatzfähigkeit von Verwendungen. Der Standardfall wirft dieses Problem im Rahmen des EBV auf, §§ 994 ff. Das setzt aber voraus, dass der Verwender kein Recht zum Besitz hat, § 986. Bei einem bestehenden Mietvertrag ist deshalb auf §§ 536a II, 539 I und nicht auf die §§ 994 ff. zurückzugreifen.

Nehmen Sie an, dass ein Mieter auf das von ihm gemietete Grundstück einen Pavillon gestellt hat. Nach dem Ende des Vertrags fordert der Mieter Verwendungsersatz. Der Vermieter wendet ein, er könne den Pavillon ohnehin nicht gebrauchen, da er an dieser Stelle für sich ein Schwimmbad bauen wolle.

Welche Probleme sind hier anzusprechen?

Anspruch auf Schadensersatz statt der Leistung gem. §§ 280 I, III, 283

- Fraglich ist, ob dem M die Leistung **unmöglich (geworden)** ist. M war nach dem Vertrag zur Vornahme der Schönheitsreparaturen verpflichtet. Diese Pflicht ist an sich gemäß **§ 275 I** unmöglich geworden, als der Nachmieter die Schönheitsreparaturen vorgenommen hat (Fallgruppe der **Zweckerreichung**: Leistungs**erfolg ist geschuldet**). § 283 S. 1 setzt aber voraus, dass die **Leistungspflicht** nicht bereits vorher **weggefallen** ist. Dies könnte hier gemäß § 281 IV der Fall sein.
- **§ 281:** Zwar hat V dem M keine **Nachfrist** gemäß § 281 I gesetzt. In § 281 II Alt. 1 wird aber angeordnet, dass bei ernsthafter und endgültiger Erfüllungsverweigerung die Nachfristsetzung entbehrlich ist. § 281 I S. 1, II Alt. 1 gilt aber nur für die **Erfüllungsverweigerung nach Fälligkeit**. Gemäß § 281 IV erlischt die Primärleistungspflicht erst, wenn der Gläubiger **Schadensersatz verlangt**. Da V noch kein Schadensersatzverlangen gestellt hat und auch nicht gemäß § 323 I, II Nr. 1 zurückgetreten ist, bestand die Leistungspflicht fort und ist erst durch Unmöglichkeit gemäß § 275 I erloschen.
- Da vorliegend M die Durchführung der Schönheitsreparaturen verweigerte, befand er sich gemäß § 286 I, II Nr. 3 **in Verzug**, sodass er gemäß § 287 S. 2 **jede Unmöglichkeit zu vertreten** hat.
- **Umfang des Schadensersatzes:** Ob ein Schaden vorliegt, bestimmt sich nach der **Differenzhypothese**. Es ist also der gegenwärtige Zustand mit dem zu vergleichen, der ohne das schädigende Ereignis eingetreten wäre. Hier ist fraglich, ob sich V den Vorteil anrechnen lassen muss, dass er die Schönheitsreparaturen auf den Nachmieter abwälzen konnte. Der für die Vorteilsanrechnung erforderliche **adäquate Kausalzusammenhang zwischen Schaden und Vorteil liegt zwar vor,** nach der Rechtsprechung **scheitert sie aber an der Zumutbarkeit der Anrechnung. Den M soll es nicht entlasten, dass der Nachmieter die Reparaturen ausgeführt hat**.

---

hemmer-Methode: Problematisch ist die endgültige Erfüllungsverweigerung vor Fälligkeit. § 281 I S. 1, II gilt nämlich nur für fällige Ansprüche. Als Anspruchsgrundlage kommt deshalb nur §§ 280 I S. 1, 282 in Betracht (nach a.A. soll § 323 IV analog angewendet werden). Bei der ernsthaften und endgültigen Erfüllungsverweigerung des Schuldners ist dem Gläubiger die Leistung des Schuldners nicht mehr zuzumuten. Fraglich ist aber, ob die Primärleistungspflicht sofort oder analog § 281 IV erst nach dem Schadensersatzverlangen erlischt. Hierfür spricht, dass im Fall von § 275 II, III die Unzumutbarkeit erst nach Geltendmachung beachtlich ist. Zudem ist kein sachlicher Grund ersichtlich, die Erfüllungsverweigerung vor Fälligkeit anders zu behandeln als die Erfüllungsverweigerung nach Fälligkeit. Hierfür spricht auch § 323 IV, wonach das Rücktrittsrecht des § 323 I, II, III auch bereits vor Fälligkeit gegeben sein kann. Vertretbar wäre es daher, auch bei der Anwendung des § 281 I, II den § 323 IV analog heranzuziehen.

II. Miete
Schönheitsreparaturen 2

SchR-BT II
Karte 33

In Klausuren kommt immer wieder folgende Variante vor: Mieter M hat vertraglich die Ausführung der Schönheitsreparaturen übernommen, zieht aber aus, ohne diese vorzunehmen. Den V lässt er wissen, er denke gar nicht daran, dies nachzuholen. Dem Vermieter V gelingt es, den Nachmieter zu den notwendigen Reparaturarbeiten zu verpflichten. Der Nachmieter führt die Schönheitsreparaturen durch. Obwohl der V auf den ersten Blick keinen Nachteil erlitten hat, verlangt er von M Schadensersatz.

Kann V von M Schadensersatz verlangen?

Juristisches Repetitorium
examenstypisch • anspruchsvoll • umfassend **hemmer**

1. Begriff „Schönheitsreparaturen":

Zu den Schönheitsreparaturen gehört das Anstreichen bzw. Tapezieren von Wänden, Decken, Böden, Heizkörpern einschließlich Heizrohre, Innentüren, sowie der Innenseiten von Fenstern und Außentüren. Rechtlicher Zusammenhang: Die Instandhaltungspflicht trifft nach § 535 I S. 2 grundsätzlich den Vermieter. Sie **umfasst auch Abnutzungen, die durch den vertragsgemäßen Gebrauch (wie hier) hervorgerufen werden**. Diese hat der Mieter nach § 538 nicht zu vertreten. Die vertragliche Übernahme der Schönheitsreparaturen **erweitert** also den **Pflichtenkreis des Mieters**, der ansonsten nur für den vertragswidrigen Gebrauch einzustehen hat.

2. Wirksamkeit der Abwälzung von Schönheitsreparaturen:

Da die entsprechende Klausel im Mietvertrag zumeist vorformuliert ist, muss die Wirksamkeit an den §§305 ff. überprüft werden. Da die §§ 308, 309 nicht einschlägig sind, ist § 307 II Nr. 1 heranzuziehen.

Der **BGH und die h.M. bejahen grds. die Angemessenheit der Klausel**. Zur Begründung dienen im wesentlichen drei Argumente:

- Die **Überwälzung** der Schönheitsreparaturen ist **seit Jahrzehnten üblich**.
- Der **Mieter kann durch eigene Sorgfalt die Kosten für die Schönheitsreparaturen gering halten**.
- „**Preisargument**": Die Kosten für die anfallenden Schönheitsreparaturen gehören zu den Komponenten der Miete. Es ist daher anzunehmen, dass die beiden Mietparteien bei einer Renovierung durch den Vermieter einen höheren Mietpreis vereinbaren würden. Umgekehrt ergibt sich dann eine Ermäßigung des Mietpreises, falls der Mieter sich zu einer Übernahme der Schönheitsreparaturen verpflichtet.

In Formularverträgen (§ 305 I) ist die Überwälzung aber häufig unangemessen i.S.d. § 307.

---

hemmer-Methode: Merken Sie sich, dass starre Fristenregelungen nach der Rechtsprechung des BGH unwirksam sind. Darunter versteht man Klauseln, die den Mieter unabhängig von der Abnutzung der Wohnung dazu verpflichten, nach bestimmten Fristen Schönheitsreparaturen durchzuführen, d.h. auch dann, wenn der Zustand der Wohnung dies wegen einer besonders schonenden Behandlung noch gar nicht erfordert.

Zur Zulässigkeit von Schönheitsreparaturenklauseln lesen Sie den umfassenden Problembeitrag von Tyroller in Life&Law 01/2019, 56 ff.

II. Miete

Schönheitsreparaturen 1

SchR-BT II
Karte 32

In Mietverträgen findet sich oft eine vorformulierte Klausel, wonach der Mieter sich dazu verpflichtet, die „Schönheitsreparaturen" in eigener Regie und auf eigene Kosten durchzuführen. Es stellt sich dann die Frage, ob diese Abwälzung auf den Mieter wirksam ist, denn grundsätzlich trifft nach § 535 I S. 2 die Instandhaltungspflicht den Vermieter.

Welche Wiederherstellungsmaßnahmen umfasst der Begriff „Schönheitsreparaturen"?

Ist eine Überwälzung der Verpflichtung zur Vornahme von Schönheitsreparaturen auf den Mieter grds. zulässig?

V kann der Abholung widersprechen, wenn ihm ein Vermieterpfandrecht gemäß § 562 zusteht.

1. Zwischen V und M besteht ein **wirksamer Mietvertrag**. Dem **V stehen noch für das laufende Jahr Forderungen auf Zahlung der Miete zu**. Der Armani-Anzug als Sache wurde von M in die Wohnung eingebracht. Der Ausschlussgrund der § 562 I S. 2 i.V.m. § 811 I Nr. 1 ZPO greift bei einem Luxusanzug nicht ein, genauso wenig ist § 562a bisher erfüllt.

2. Problematisch ist aber, ob der Armani-Anzug im Eigentum des M stand. Er hat ihn ursprünglich von X unter EV erworben, sodass nach §§ 929, 158 I das Eigentum erst mit der Begleichung des Kaufpreises auf ihn übergehen sollte. M könnte nur ein Anwartschaftsrecht erworben haben. Ein **Anwartschaftsrecht** (AnwR) entsteht dann, wenn - wie beim EV - von einem mehraktigen Erwerbstatbestand so viele Voraussetzungen erfüllt sind, dass der Vertragspartner den Erwerb des Vollrechts nicht mehr einseitig verhindern kann. Das **Vermieterpfandrecht nach § 562 erfasst nach allgemeiner Meinung auch das AnwR**, da dieses als Vorstufe zum Eigentum *("wesensgleiches Minus")* bei Übertragung und Verpfändung wie das Vollrecht zu behandeln ist. Die B-Bank hat bei der Sicherungsübereignung zunächst nur das AnwR erworben nach §§ 929, 930 (i.V.m. § 140 bzw. §§ 133, 157), da es für § 933 jedenfalls an der Übergabe fehlt. Dabei könnte die B das Vermieterpfandrecht gutgläubig wegerworben haben. Nach § 936 I S. 3 erlischt das Recht des Dritten erst mit Besitzerwerb der B. Da dieser noch nicht erfolgt ist, besteht das Vermieterpfandrecht des V nach wie vor. Durch die Bezahlung des Kaufpreises (§ 267) **erstarkte das AnwR der Bank zum Vollrecht** und zwar ohne Durchgangserwerb des M.

Das Vermieterpfandrecht des V setzt sich analog § 1287 am Vollrecht fort. Damit kann er nach §§ 562b I, 562 die Abholung verhindern.

---

hemmer-Methode: Wenn ein Gläubiger des Mieters nach §§ 808 ff. ZPO dessen Sachen pfänden lässt und diese einem Vermieterpfandrecht unterliegen, so kann der Vermieter die Wegschaffung durch den Gerichtsvollzieher nicht nach § 562b I verhindern. Er hat aber einen Anspruch auf vorzugsweise Befriedigung, § 805 ZPO.

Das Pfandrecht am Anwartschaftsrecht setzt sich analog § 1287 als Pfandrecht an der Sache fort, wenn die letzte Kaufpreisrate gezahlt wird. Dies kann der Vermieter als Dritter gem. § 267 I bewirken.

II. Miete
Vermieterpfandrecht 2

SchR-BT II
Karte 31

Mieter M ist in finanziellen Schwierigkeiten. Um sich abzulenken, kauft er bei X einen Armani-Anzug unter Eigentumsvorbehalt, den er zur Schonung in den Schrank hängt. Bald muss er bei der B-Bank einen Kredit aufnehmen. Zur Sicherheit übereignet er der Bank seinen neuen Anzug.

Als M endgültig insolvent wird, begleicht die B-Bank die ausstehende Forderung des X und will den Armani-Anzug aus der Wohnung schaffen lassen. Auch der Vermieter V hat noch offene Forderungen gegen M.

Kann V der Entfernung des Anzugs widersprechen?

1. Dem Vermieter stehen die **üblichen Möglichkeiten zur Sicherung (Bürgschaft, Forderungsabtretung usw.)** zur Verfügung. Eine **Grenze** wird im Wohnraummietrecht aber durch **§ 551** gezogen, dessen Regelung nach § 551 IV nicht zum Nachteil des Mieters verändert werden kann. Der Zweck der Vorschrift besteht darin, einen Ausgleich zwischen dem Sicherungsbedürfnis des Vermieters und dem Schutzbedürfnis des Mieters zu schaffen. Gemäß § 551 I darf die **Mietsicherheit nicht das Dreifache der Monatsmiete übersteigen**.

2. Vermieterpfandrecht, § 562

Der Vermieter hat unter bestimmten Voraussetzungen an Sachen des Mieters ein Vermieterpfandrecht. Über § 1257 sind für dieses gesetzliche Pfandrecht die Vorschriften der §§ 1204 ff. anwendbar.

- **Mietvertrag**
- Gegenstand des Mietvertrags ist eine **Wohnung** (§ 562), ein **Grundstück** (§ 578 I) oder ein sonstiger **Raum** (§ 578 II).
- Erfasst werden **Forderungen** aus dem Mietverhältnis (auch künftige, § 562 II), also auch Schadensersatzansprüche.
- Es erstreckt sich **nur auf Sachen des Mieters**, nicht auf Forderungen.
- **Eingebracht** sind die Sachen dann, wenn sie gewollt hineingeschafft worden sind.
- Die **Sache muss im Eigentum des Mieters stehen**, ein Anwartschaftsrecht genügt jedoch.
- Das **Pfandrecht entsteht gemäß § 562 I S. 2 nur an pfändbaren Sachen** (vgl. hierzu § 811 ZPO).
- **Kein Erlöschen des Pfandrechts.** In Betracht kommen erstens die allgemeinen Erlöschensgründe, § 1257 i.V.m. §§ 1242, 1252, 1255 f. Daneben ist v.a. § 562a zu beachten, ebenso wie §§ 936 I, 932 II. Das Pfandrecht erlischt mit Entfernung der Sachen, es sei denn, der Vermieter widerspricht oder weiß nichts von der Entfernung, welcher er [bei unterstellter Kenntnis] widersprechen dürfte, § 562a.

Der Vermieter hat Rechte aus dem Pfandrecht. Ihm kommt ein über § 229 hinausgehendes **Selbsthilferecht** zugute, **§ 562b**. Außerdem kann er bei Pfandreife die Sachen verwerten nach §§ 1257, 1228 ff. Sehr wichtig ist die **Brückenvorschrift des § 1227**.

> **hemmer-Methode:** Gehören die Sachen in den Mieträumen nicht dem Mieter, ist ein gutgläubiger Erwerb des Pfandrechts gemäß §§ 1257, 1207 nach allgemeiner Meinung nicht möglich. Zum einen setzt nämlich § 1257 ein schon „entstandenes" Pfandrecht voraus; die Verweisung kann deshalb § 1207 nicht umfassen. Zum anderen handelt es sich bei dem Vermieterpfandrecht um ein besitzloses Pfandrecht. Es fehlt damit am Rechtsscheinträger für den guten Glauben.

II. Miete
Vermieterpfandrecht 1

SchR-BT II
Karte 30

Es gibt drei Arten von Pfandrechten:

1. Vertragliches Pfandrecht, §§ 1204 ff. (sog. Faustpfandrecht, da die Übergabe erforderlich ist).

2. Gesetzliches Pfandrecht, das sich unterteilt in eines auf Grund von Besitz (§§ 583, 647) und eines auf Grund von Einbringung (§§ 562, 578 I, II, 704). Wichtig ist hier vor allem, dass über **§ 1257** die §§ 1204 ff. auch für die gesetzlichen Pfandrechte gelten.

3. Pfändungspfandrecht, das in der Zwangsvollstreckung durch Pfändung entsteht. Auch hier sind gemäß **§ 804 II ZPO** die §§ 1204 ff. subsidiär anwendbar.

Vermieter V traut seinem neuen Mieter M nicht. Er hat ihn ständig im Verdacht, eines Tages sang- und klanglos zu verschwinden, ohne die Miete zu bezahlen. Er wendet sich an Sie, damit Sie ihn von seinen Sorgen und schlaflosen Nächten erlösen.

Welche Sicherheiten kommen für den Vermieter in Frage?

Juristisches Repetitorium
examenstypisch • anspruchsvoll • umfassend **hemmer**

1. Ansprüche aus dem Mietvertrag: Die **erhöhte Untermiete ist nicht als Gegenleistung vereinbart** worden, § 535 II. Ein Fall des § 553 II liegt nicht vor. Allerdings könnte ein Anspruch aus §§ 280 I, 241 II auf Schadensersatz gegeben sein. Die unberechtigte Untervermietung ist jedenfalls eine schuldhafte Vertragsverletzung. Problematisch ist der Schaden des V. Dieser könnte darin bestehen, dass dem V die Möglichkeit des § 553 II entgangen ist, also eine Erhöhung der Miete. Das ist schon deshalb zweifelhaft, weil der entgangene Gewinn des V nicht mit Wahrscheinlichkeit erwartet werden konnte (§ 252 S. 2), da M auch kündigen könnte nach § 540 I S. 2. Außerdem **fehlt** es damit an der **Kausalität von Vertragsverletzung** (= Untermiete) und Ausbleiben der Mieterhöhung.

2. §§ 987, 990 auf Nutzungsersatz: M hat aufgrund der Untermiete Nutzungen aus der Mietsache gezogen, § 100. Gem. § 99 III gehören dazu auch die vollen Erträge aus der Untervermietung. **M ist aber aufgrund seines Mietvertrags zum Besitz berechtigt.** Die Figur des „nicht-so-berechtigten Besitzers" wird im Rahmen des EBV überwiegend abgelehnt. **Achtung:** wird der Mietvertrag wirksam gekündigt und die Nutzung fortgesetzt, liegt ein EBV vor. Dann ist aber streitig, ob neben § 546a die §§ 987, 990 Anwendung finden (so die h.M.). Das ist jedenfalls dann unproblematisch, wenn M nach Kündigung bereits auf Herausgabe bzw. Rückgabe verklagt wurde, vgl. § 292 II (vgl. dazu BGH, Life&Law 02/2010, 80 ff.).

3. §§ 823 I, 249 I auf Nutzungsherausgabe: Die §§ 823 ff. werden mangels EBV nicht verdrängt. Die unberechtigte Untervermietung stellt aber keine Eigentumsverletzung dar (str.). Jedenfalls **fehlt** es am **Schaden** (s.o.).

4. §§ 687 II S. 1, 681 S. 2, 667: V ist durch den Mietvertrag mit M nicht mehr befugt, die Wohnung Dritten zu überlassen. Damit hat M **kein objektiv fremdes Geschäft geführt**. Der Anspruch scheidet aus.

5. § 816 I S. 1: Problematisch ist, ob eine Verfügung vorliegt. Eine Verfügung ist ein Rechtsgeschäft, durch das unmittelbar auf ein bestehendes Recht eingewirkt wird, indem es aufgehoben, übertragen, beschwert oder sonst inhaltlich geändert wird. Bei der schuldrechtlichen Untervermietung kommt nur eine Analogie zu § 816 I S. 1 in Betracht, die aber daran scheitert, dass ein **endgültiger Vermögensübergang wie bei einer Verfügung nicht vorliegt**.

6. §§ 812 I S. 1 Alt. 2, 818 II: Voraussetzung der Eingriffskondiktion ist, dass das Erlangte nach dem Zuweisungsgehalt der Güterordnung einem anderen gehört. Die **Untervermietung steht jedoch dem Mieter zu, auch wenn er hierzu der Erlaubnis des Vermieters bedarf**. Die notwendige Erlaubnis steht außerdem nicht im Belieben des Vermieters, vgl. §§ 540 I, 553 I (vgl. BereicherungsR, Rn. 330).

hemmer-Methode: Im Übrigen sind nach Ansicht des BGH (NJW 1996, 838) die §§ 541, 543 II S. 1, Nr. 2 insoweit abschließende Rechte des Vermieters im Fall unberechtigter Untervermietung.

II. Miete
Untermiete 2

SchR-BT II
Karte 29

Bei der Untermiete gibt es einen klassischen Problemkreis, der immer wieder in Klausuren abgefragt wird. Die Schwierigkeit der folgenden Konstellation besteht darin, den Einstieg in das Mietrecht zu finden und Probleme des Schadens- und des Bereicherungsrechts zu lösen.

Mieter M hat schon einige Monate einen Untermieter in seiner Wohnung aufgenommen. U zahlt für die von ihm genutzten Räume an M eine höhere Miete als sie zwischen Vermieter V und M vereinbart ist. Endlich kommt V den Machenschaften des M auf die Schliche. Er ist empört, weil im Mietvertrag dem M kein Recht zur Untervermietung eingeräumt ist.

Kann V von M die Untermiete verlangen?

Juristisches Repetitorium
examenstypisch • anspruchsvoll • umfassend **hemmer**

1. Der Mieter darf den vertragsgemäßen Gebrauch der Mietsache nicht überschreiten. Die Rechtsfolgen einer Zuwiderhandlung sind in den §§ 540, 541, 543 II Nr. 2, 553 normiert. **§ 540** erfasst dabei den hier vor allem interessierenden Fall der Gebrauchsüberlassung an Dritte.

§ 540 meint lediglich den selbständigen Gebrauch durch Dritte. § 553 modifiziert § 540 für das Wohnraummietrecht, wenn es um die Überlassung eines Teils (!) der Wohnung an Dritte geht (klassische Untervermietung). § 553 bezieht sich **nicht** auf Personen, die einen **unselbständigen Mitgebrauch** haben, wobei auf die Eingliederung im Haushalt abzustellen ist (z.B. Ehegatte, Familienmitglieder sind keine Dritten). Dritter i.S.d. § 553 I ist allerdings nach h.M. der Partner einer nichtehelichen Lebensgemeinschaft (so BGH). Daran hat auch § 563 II S. 3 nichts geändert, der in gewissem Umfang auch nichtehelichen Partnern Rechte einräumt, da diese Vorschrift keinen allgemeinen Rechtsgedanken enthält. Ansonsten hätte der Gesetzgeber dies auch in § 553 klarstellen müssen, vgl. **BGH, Life&Law 2004, 229 ff.** = NJW 2004, 56 ff.

2. Unberechtigte Untervermietung stellt einen vertragswidrigen Gebrauch der Mietsache dar. Der Vermieter hat dann zwei Möglichkeiten. Er kann **entweder nach einer Abmahnung nach § 541 auf Unterlassung klagen oder gemäß § 543 I, II S. 1 Nr. 2 fristlos kündigen.** Zudem kann der Vermieter vom Untermieter gem. § 985 Herausgabe (an den Mieter) verlangen, da der Untermieter bei unberechtigter Untervermietung kein abgeleitetes Recht zum Besitz hat (vgl. § 986 I S. 2).

3. Auch dem Mieter stehen **vor einer geplanten Untervermietung einige Rechte** zur Verfügung. Nach **§ 540 I S. 2** kann er bei Verweigerung der Erlaubnis unter Einhaltung der gesetzlichen Frist kündigen. Die Erlaubnis kann er verlangen, wenn die Voraussetzungen des **§ 553 I** gegeben sind. In jedem Fall hat der Hauptmieter jedoch ein dem Untermieter zur Last fallendes Verschulden als eigenes zu vertreten, **§ 540 II.**

4. Zwischen **Vermieter und Untermieter** bestehen **keine Vertragsverhältnisse**. Er hat keinen Anspruch auf Zahlung der Miete, kein Pfandrecht an den eingebrachten Sachen usw. Bei Beendigung der Hauptmiete hat der Vermieter aber auch gegen den Untermieter ein unmittelbares Klagerecht auf Räumung nach **§ 546 II**.

> **hemmer-Methode:** Wenn z.B. nur der Familienvater Vertragspartei des Mietvertrags ist, bedeutet die Gebrauchsüberlassung an Ehegattin und Familienmitglieder keinen vertragswidrigen Gebrauch. Dies gilt selbst dann, wenn die Wohnung durch Zuzug von Kindern erheblich überbelegt ist, solange den Vermieter beeinträchtigende Auswirkungen nicht feststellbar sind (BGHZ 123, 233).

II. Miete

Untermiete 1

SchR-BT II
Karte 28

Zwischen Vermieter V und Mieter M besteht ein Mietvertrag. Um seine finanziellen Verhältnisse aufzubessern, kommt M auf den Gedanken, ein Zimmer seiner Wohnung an einen Untermieter U weiterzuvermieten. Im Mietvertrag zwischen V und M findet sich keine Regelung über eine eventuelle Untervermietung.

Kann V die geplante Untervermietung verhindern?

1. Verhältnis zu §§ 119 ff.: Möglich ist die *Anfechtung nach § 119 I bzw. § 123,* auch wenn die Mietsache überlassen ist. Problematisch ist das *Verhältnis zwischen § 119 II und §§ 543, 569. Letztere sind nach h.M. Spezialregelungen.*

2. Verhältnis zu §§ 320 ff.: Der Mieter kann das ZBR aus § 320 unabhängig von seinen Gewährleistungsansprüchen aus §§ 536 ff. geltend machen. Die §§ 280 ff. werden von den §§ 536 ff. grundsätzlich erst **ab Gebrauchsüberlassung** verdrängt. § 326 II bleibt aber (entsprechend) anwendbar, wenn der Mieter für den Mangel verantwortlich ist. Nur wenn die Mietsache völlig zerstört wird (kein Mangel mehr i.S.v. § 536) oder dem Vermieter die Beseitigung des Mangels nicht zugemutet werden kann, sind die §§ 280 I, III, 283 bzw. 326 auch nach Überlassung anwendbar. Bei einem Rechtsmangel verdrängt *§ 536 III* die §§ 280 I, III, 283 auch schon vor Überlassung.

4. Verhältnis zu §§ 280 I, III, 281: Vor Überlassung sind die §§ 280, 281 uneingeschränkt anwendbar, danach greifen die §§ 536 ff. ein, insbesondere *§ 543 I, II Nr. 1*.

5. Verhältnis zu § 280 I sowie §§ 280 I, 311 II, 241 II und Deliktsrecht: Im Rahmen des § 536a I ist der Schadensersatzanspruch wegen Pflichtverletzung gemäß § 280 I verdrängt, da § 536a I auch den Mangelfolgeschaden umfasst. § 280 I ist aber bei Neben- und Schutzpflichtverletzungen anwendbar, die nicht im Zusammenhang mit einem Mangel stehen. Hauptanwendungsgebiet des § 280 I sind Vertragsverletzungen des Mieters. Der Schadensersatzanspruch wegen Pflichtverletzungen bei den Vertragsverhandlungen gemäß §§ 280 I, 311 II, 241 II ist nicht anwendbar, soweit sich das vorvertragliche Verschulden des Vermieters auf einen Mangel bezieht (Ausnahme: Arglist ⇨ dann §§ 280 I, 311 II anwendbar). Die §§ 536 ff. und die §§ 823 ff. beeinflussen sich grundsätzlich nicht. Eine Ausnahme bildet jedoch die Vorschrift des *§ 548*, die auch die Verjährungszeit der deliktischen Ansprüche nach § 195 abkürzt.

> **hemmer-Methode:** Beachten Sie auch, dass nach h.M. auch unter Verzicht auf § 536a alternativ § 284 geltend gemacht werden kann.

II. Miete
GewR- Gesamtübersicht

SchR-BT II
Karte 27

> Sie haben nun einige Fälle zum Recht der Leistungsstörungen im Rahmen des Mietrechts gelöst. Rekapitulieren Sie das bereits Gelernte, insbesondere das Zusammenspiel zwischen den allgemeinen Regeln und den besonderen der §§ 536 ff.

Können Sie eine Gesamtübersicht über das Recht der Leistungsstörungen beim Mietvertrag in Stichworten zusammenstellen?

1. Ansprüche gegen B
- Ansprüche des Vermieters aus dem Mietrecht (wie etwa § 536c II) sind nicht einschlägig, sodass der Anwendungsbereich des allgemeinen Schuldrechts eröffnet ist. Da keine Unmöglichkeit vorliegt, bestimmt sich der Schadensersatzanspruch nach §§ 280 I, 241 II, 535. Ein Schuldverhältnis zwischen V und B besteht durch den Mietvertrag. Das **Verschulden des A** (Fahrlässigkeit, § 276) **wird dem B über § 278 S. 1 Alt. 2 zugerechnet**. Allerdings greift für die Ansprüche des Vermieters aus dem Mietvertrag die **sechsmonatige Verjährungsfrist** des § 548 I. Die Hemmung der Verjährung durch die Klageerhebung, §§ 204 I Nr. 1, 209, erfolgte damit zu spät. B steht die **Einrede der Verjährung zu, § 214 I**.
- Ansprüche aus **§§ 989, 990** entfallen, da der **Mietvertrag ein Recht zum Besitz** gibt.
- Der Anspruch aus § 831 greift grundsätzlich ein, insbesondere ist der Arbeitnehmer A ein Verrichtungsgehilfe. Problematisch ist die Verjährung. An sich sieht § 195 eine dreijährige Verjährung vor, fraglich ist jedoch, ob nicht § 548 I auf § 195 einwirkt. Nach ständiger Rechtsprechung gilt **§ 548 I auch im Rahmen des Deliktsrechts**, obwohl an sich vertragliche und deliktische Ansprüche selbständig sind. Argumentiert wird damit, dass ansonsten § 548 leer laufen würde, da der Vermieter regelmäßig deliktische Ansprüche neben den vertraglichen hat.

2. Ansprüche gegen A
Da vertragliche Bindungen zwischen V und A fehlen, kommt als Anspruchsgrundlage allein **§ 823 I** in Betracht. Rechtswidrige und schuldhafte Eigentumsverletzung liegen vor. Fraglich ist nur, ob zugunsten des A die **kurze Verjährung des § 548 I** eingreift. Das ist dann der Fall, **wenn der Mietvertrag zwischen V und B eine Schutzwirkung zugunsten des A** entfaltet. Die Voraussetzungen dazu liegen vor.
- **Leistungsnähe**: A kommt mit der Leistung des V bestimmungsgemäß in Berührung.
- **Gläubigernähe**: B ist aufgrund der Fürsorgepflicht des Arbeitgebers für das „Wohl und Wehe" des A verantwortlich. Auch der in letzter Zeit geforderte „personenrechtliche Einschlag" liegt bei einer arbeitsrechtlichen Beziehung vor.
- **Erkennbarkeit** für den Vertragspartner V liegt vor.

A kann sich also nach den Grundsätzen zum Mietvertrag mit Schutzwirkung auch auf die Einrede der Verjährung (§ 214 I) berufen. Dafür spricht auch, dass er ansonsten über die Grundsätze des innerbetrieblichen Schadensausgleichs von B Freistellung verlangen könnte. Dann aber würde B letztendlich doch haften.

> **hemmer-Methode: Das „Verjährungsprivileg" des § 548 I kann also Schutzwirkung für Dritte haben.**

II. Miete

Pflichtverletzung des Mieters

SchR-BT II
Karte 26

Das Wichtigste, was Sie bei dem Schadensersatz wegen Pflichtverletzung gemäß § 280 I verstanden haben müssen, ist seine Subsidiarität. Soweit spezielle Vorschriften die Schlechtleistung regeln (z.B. §§ 536 ff.), greift § 280 I nicht ein. Da bei Ansprüchen des Mieters auch der Mangelfolgeschaden von § 536a I umfasst ist, kommt § 280 I hier nur bei Nebenpflichtverletzungen zur Anwendung, wobei auch hier Sondervorschriften zu beachten sind. Den Hauptanwendungsbereich hat § 280 I im Rahmen des Mietrechts dagegen bei Ansprüchen des Vermieters.

V vermietet dem B einen Gabelstapler. Durch eine Unachtsamkeit des A, eines Angestellten des B, wird das Fahrzeug beschädigt. Wegen seiner chaotischen Buchführung erhebt V erst ein Jahr, nachdem der Gabelstapler zurückgegeben wurde, Klage auf Schadensersatz.

Hat V Ansprüche gegen A oder B?

Juristisches Repetitorium
examenstypisch • anspruchsvoll • umfassend **hemmer**

1. Grundsätzlich steht den Mietern ein **Anfechtungsrecht aus § 123 bzw. aus § 119 II** zu. Die Rechtsfolge wäre dann, dass der Mietvertrag nach § 142 I ex tunc nichtig wäre und die Rückabwicklung über die §§ 812 ff. zu erfolgen hätte.

2. An dieser Stelle stellt sich aber die **Frage, ob die §§ 536 ff. die Möglichkeit der Anfechtung nicht ausschließen.** Es widerspricht gerade dem Charakter der Miete als Dauerschuldverhältnis, dass die ausgetauschten Leistungen vollständig rückabgewickelt werden. Aus diesem Grund sieht das Gesetz auch nicht, wie z.B. beim Kaufvertrag, den Rücktritt vor, sondern die Kündigung, die den Vertrag nur mit Wirkung für die Zukunft auflöst, ohne eine komplizierte Rückabwicklung zu erfordern.

a. Die **Anfechtung nach §§ 119 I, 123 soll nach allgemeiner Meinung auch nach Überlassung der Mietsache möglich sein.** Bei § 119 I fehlt es schon am Konkurrenzverhältnis, da ein Irrtum über die Erklärungsbedeutung nichts mit der Mangelhaftigkeit der Mietsache zu tun hat. Bei § 123 besteht zwar möglicherweise ein Konkurrenzverhältnis, wenn der Vermieter über einen Sachmangel täuscht, jedoch besteht kein Grund, den arglistigen Vertragspartner zu begünstigen.

b. Problematisch ist das **Verhältnis von § 119 II zu §§ 536 ff.**, falls der Irrtum über eine verkehrswesentliche Eigenschaft zugleich einen Sachmangel darstellt. Das Reichsgericht vertrat die Ansicht, dass § 119 II eingreife, da es im Mietrecht keinen Rücktritt und damit keine Sondervorschrift gebe. Nach heute h.M. verdrängen die Kündigungsvorschriften der **§§ 543, 569** als **Sondervorschriften** die Anfechtung nach § 119 II. Außerdem soll die Folge der Anfechtung, die Rückabwicklung über die §§ 812 ff., gerade vermieden werden. Der zweiten Ansicht ist daher der Vorzug zu geben (vgl. zum Ganzen Schuldrecht BT 2, Rn. 20).

> hemmer-Methode: Was Sie sich von diesem Meinungsstreit um das Verhältnis der §§ 119 ff. zu §§ 536 ff. merken sollten, ist die Frage, ob ein Konkurrenzverhältnis überhaupt besteht, und daran anschließend das Problem, ob der ex tunc-Wirkung der Anfechtung nicht der Charakter der Miete als Dauerschuldverhältnis entgegensteht. Anders als bei Arbeits- und Gesellschaftsverträgen wird die ex tunc-Wirkung der Anfechtung im Mietrecht nach absolut h.M. nicht über die Fiktion eines fehlerhaft wirksamen Vertragsverhältnisses korrigiert (vgl. BGH, Life&Law 01/2009, 1 ff.).

II. Miete

Anfechtung

SchR-BT II
Karte 25

Die Anfechtung setzt eine Erklärung, einen Grund und die Einhaltung einer Frist voraus. Als Rechtsfolge ist das Rechtsgeschäft nach § 142 I ex tunc nichtig. Bereits ausgetauschte Leistungen werden über §§ 812 ff. rückabgewickelt.

Für den Anfechtenden bestehen zwei Risiken. Er verliert zum einen seine vertraglichen Ansprüche (v.a. Gewährleistung). Zum anderen besteht die Gefahr, dass der Vertragspartner inzwischen entreichert ist, § 818 III. Die „Anfechtungserklärung" ist daher immer sehr sorgfältig auszulegen. Problematisch ist aber oft, ob die Anfechtung nicht durch speziellere Vorschriften ausgeschlossen ist. Dabei müssen Sie differenzieren, wer anficht und aus welchem Grund er dies tut.

Mieter M 1 lebt schon einige Monate in seiner Mietwohnung, bevor er bemerkt, dass er bei Vertragsschluß arglistig getäuscht wurde.

Ein anderer Mieter M 2 entdeckt erst nach dem Einzug, dass die Wohnung kein Neubau ist, wie er bei Vertragsschluss angenommen hatte.

Besteht ein Anfechtungsrecht?

Juristisches Repetitorium
examenstypisch • anspruchsvoll • umfassend **hemmer**

1. Fraglich ist im Fall der Krankheit, ob der Mieter M die Miete begleichen muss, obwohl er selbst die Gegenleistung, den Gebrauch der Ferienwohnung, nicht in Anspruch nehmen kann. Man könnte hier an einen Fall des **§ 326 I S. 1** denken. Die Folge wäre, dass für M die Pflicht zur Mietzahlung entfiele. Andererseits passt **möglicherweise § 326 II**, wenn M für die Unmöglichkeit verantwortlich wäre (beachten Sie, dass bei § 326 II die Vorschrift des § 276 zumindest nicht direkt anwendbar ist). Dann müsste M die Miete bezahlen. An diesem Ansatz passt allerdings bereits nicht, dass die Gebrauchsüberlassung ja nicht unmöglich ist. Vielmehr kann M selbst die Leistung nicht entgegennehmen.

Im **Mietrecht** findet sich **eine Spezialvorschrift**, die die allgemeinen Regeln über Leistungsstörungen in einem solchen Fall verdrängt. **§ 537 I S. 1** bestimmt, dass der Mieter von der Entrichtung der Miete nicht befreit wird, wenn der Grund, der ihn an der Ausübung des ihm zustehenden Gebrauchsrechts hindert, in seiner Person liegt. **Es kommt nicht darauf an, ob M ein Verschulden trifft oder ob die Mietsache bereits überlassen wurde. M muss also zahlen.**

2. Den Mieter trifft die Pflicht, die Mietsache nach Ablauf der vereinbarten Mietzeit an den Vermieter zurückzugeben, **§ 546 I**. Nach Ansicht des BGH liegt in der Rückgabe einer beschädigten Mietsache keine Verletzung der Rückgabepflicht aus § 546 I BGB, sondern eine Schutzpflichtverletzung i.S.d. § 241 I Var. 2 BGB. Wenn **M** die **Beschädigung zu vertreten** hat (wird vermutet, § 280 I S. 2), steht dem V ein **Schadensersatzanspruch nach §§ 280 I, 241 II ohne vorherige Fristsetzung zu** (vgl. dazu BGH, Life&Law 07/2018, 442 ff.; BGH, Life&Law 02/2014, 85 ff. = NJW 2014, 143 ff. = juris*byhemmer*).

3. Wenn die Wohnung nicht mehr ausreichend beheizbar ist, liegt ein **Mangel** vor und damit sind an sich alle Voraussetzungen für eine Mietminderung nach **§ 536 I erfüllt**. Die §§ 536b ff. greifen nicht ein. Da im Mietrecht also keine Regelung für einen vom Mieter zu vertretenden Mietmangel vorhanden ist, muss auf die allgemeinen Regelungen über die Behandlung von Leistungsstörungen zurückgegriffen werden, um zu begründen, dass dem Mieter ein Minderungsrecht nicht zusteht. Es bietet sich **§ 326 II** an, der nach allgemeiner Meinung durch § 536 I nicht ausgeschlossen wird, soweit der Mangel vom Mieter zu vertreten ist. **M muss also die volle Miete begleichen und Schadensersatz wegen Pflichtverletzung im Mietvertrag gemäß §§ 280 I, 241 II leisten**.

> **hemmer-Methode:** Machen Sie sich das Zusammenspiel von allgemeinem und besonderem Schuldrecht klar. Grundsätzlich enthalten die §§ 535 ff. Spezialregelungen, die spätestens ab Gebrauchsüberlassung die allgemeinen Regeln über Leistungsstörungen verdrängen. Soweit die §§ 535 ff. jedoch Lücken aufweisen, müssen diese mit Hilfe der allgemeinen Regeln ausgefüllt werden.

II. Miete

Unpässlichkeiten beim Mieter

SchR-BT II
Karte 24

Die §§ 536 ff. sehen Gewährleistungsrechte des Mieters vor. Allerdings stehen auch dem Vermieter Rechte zu, wenn der Mieter seine Pflichten nicht erfüllt. Gehen Sie wieder von den besonderen Vorschriften des Mietrechts aus. Nur soweit hier keine Norm einschlägig ist, können Sie das allgemeine Schuldrecht, insbesondere §§ 280 I, 241 II prüfen.

Mieter M hat verschiedene Probleme. Er möchte von Ihnen wissen, was geschieht, wenn

(1.) er krank wird und deshalb die Ferienwohnung in Bayern nicht beziehen kann,

(2.) er das gemietete Auto nicht unbeschädigt zurückgeben kann, weil er in einen Unfall verwickelt war und

(3.) er die Heizung in der gemieteten Wohnung beschädigt, sodass die normale Raumtemperatur nicht mehr erreicht wird.

Können Sie Auskunft geben?

Juristisches Repetitorium
examenstypisch • anspruchsvoll • umfassend **hemmer**

1. Anspruch aus § 535 I S. 1

V und M haben einen Mietvertrag geschlossen. Daraus trifft den V die Pflicht, dem M die Wohnung zum Gebrauch zu überlassen, § 535 I S. 1. Da allerdings jetzt X aufgrund eines gültigen Mietvertrags die Wohnung in Besitz genommen hat und V ihm diesen somit nicht mehr entziehen kann, **scheidet der Erfüllungsanspruch des M wegen Unmöglichkeit aus, § 275 I**.

2. Anspruch auf Schadensersatz aus §§ 280 I S. 1, III, 283, 275 IV

Grundsätzlich liegen die Voraussetzungen für diesen Anspruch vor, insbesondere das Verschulden des V. Problematisch ist dagegen, ob das **Mietrecht** in §§ 536 III, 536a nicht eine Regelung zur Verfügung stellt, die auch vor Gebrauchsüberlassung **spezieller** ist. Das ist zu bejahen, da ansonsten **§ 536 III** weitgehend leer laufen würde, da der vollständige oder teilweise Entzug Tatbestandsvoraussetzung des § 536 III ist (Schuldrecht BT 2, Rn. 23).

3. Anspruch auf Schadensersatz aus §§ 536 III, 536a I

- Ein **Mietvertrag** zwischen V und M **besteht**.
- **Rechtsmangel**: Das Recht des Dritten kann obligatorischer oder dinglicher Natur sein. Durch die Doppelvermietung besteht für X das Recht, die Wohnung in Gebrauch zu nehmen. § 536 III greift nur bei tatsächlichem, nicht nur bei einem möglichen Entzug der Gebrauchsmöglichkeit. Dies ist hier der Fall. Nach dem Wortlaut („entzogen") greift § 536 III direkt nur dann ein, wenn der einmal eingeräumte Gebrauch nachträglich wieder aufgehoben wird. § 536 III ist nach der Interessenlage aber entsprechend anzuwenden, wenn der Gebrauch von vornherein nicht gewährt wird (PALANDT § 536 Rn. 29).
- Es müssen ferner die Voraussetzungen des **§ 536a** erfüllt sein. Hier kommt allein **§ 536a I Var. 2** in Betracht; das erforderliche **Verschulden liegt vor. M hat Anspruch auf Schadensersatz**.

---

hemmer-Methode: Beachten Sie, dass trotz der Verweisung in § 536 III die Behandlung von Sach- und Rechtsmangel im Mietrecht nicht völlig gleich erfolgt. Denn bei Sachmängel greifen §§ 536 ff. erst nach Überlassung der Mietsache ein. Ansonsten sind die Rechtsfolgen identisch. Auch § 543 I, II Nr. 1 differenziert nicht zwischen Rechts- und Sachmängeln.

II. Miete
Rechtsmangel

SchR-BT II
Karte 23

V vermietet am 20.05. an M eine Wohnung, die dieser Anfang Juni beziehen soll. Wenig später überlegt es sich V anders und vermietet dieselbe Wohnung an X, der Ende Mai einzieht.

Welche Ansprüche hat M gegen V?

1. Allgemeiner Überblick

Bei den Kündigungen ist **zu unterscheiden zwischen der ordentlichen, der außerordentlichen befristeten und der außerordentlichen fristlosen**. Neben dem **Kündigungsgrund** ist immer zu prüfen, ob eine (eindeutige) **Kündigungserklärung** vorliegt und eine **Form** zu beachten ist. Nur bei der Wohnraummiete ist eine gesetzliche Schriftform einzuhalten, *§ 568 I.*

Eine Kündigung ist nicht erforderlich, wenn der Mietvertrag nur befristet abgeschlossen wurde. Die ordentliche Kündigung ist in diesem Fall ausgeschlossen. Die außerordentliche Kündigung bleibt nach wie vor möglich, § 542 II Nr. 1.

2. Außerordentliche Kündigung

- In bestimmten Fällen sieht das Gesetz eine außerordentliche befristete Kündigung vor: **§§ 540 I S. 2, 544 S. 1, 554 III S. 2 (auch in Verbindung mit § 578 II), 561 I S. 1, 563 IV, 563a II , 564 S. 2, 580**
- Zur sofortigen Beendigung des Mietvertrags führt die **außerordentliche fristlose Kündigung.** Wie jedes Dauerschuldverhältnis kann der Mietvertrag **aus wichtigem Grund** gekündigt werden, **§ 543**. Beim **Wohnraummietrecht** ist ergänzend **§ 569** heranzuziehen. Das allgemeine Recht zur Kündigung aus wichtigem Grund ist in § 543 I geregelt. Dieser Grundtatbestand wird durch die §§ 543 II, 569 präzisiert. Die Generalklausel des § 314 ist subsidiär zu den gesetzlich geregelten außerordentlichen Kündigungsgründen.

3. Ordentliche Kündigung

Nur bei unbefristeten Mietverträgen kommt eine ordentliche Kündigung in Betracht, **§ 542 II**. Für die *Kündigungsfristen* sind *§§ 573c, 580a* heranzuziehen. Grundsätzlich ist bei der ordentlichen Kündigung ein *Kündigungsgrund nicht erforderlich, wichtige Ausnahme ist aber die Wohnraummiete*. Der Vermieter muss nach § 573 ein berechtigtes Interesse geltend machen (insbesondere Eigenbedarf, § 573 II Nr. 2; vgl. zu den Rechtsfolgen einer unberechtigten Eigenbedarfskündigung BGH, Life&Law 2009, 741 ff. sowie 2010, 298 ff.). Der Mieter kann in besonderen Härtefällen der Kündigung nach §§ 574 ff. widersprechen (sog. Sozialklausel).

---

hemmer-Methode: Auf diesem Gebiet werden von Ihnen keine Detailkenntnisse erwartet. Es schadet aber nicht, sich eine Systematik zu erarbeiten, auf die man im Ernstfall zurückgreifen kann.

II. Miete
Kündigung

SchR-BT II
Karte 22

Die Miete kennt als Dauerschuldverhältnis kein gesetzliches Rücktrittsrecht. Eine Rückabwicklung aller ausgetauschten Leistungen würde die Parteien vor unüberwindliche Probleme stellen. Daher tritt im Mietrecht an die Stelle des Rücktrittsrechts das Recht zur ordentlichen oder außerordentlichen Kündigung. Neben der Kündigung können auch die Rechte aus den §§ 536 ff. geltend gemacht werden, da die Kündigung nur für die Zukunft wirkt, bestehende Rechte aber unberührt lässt.

Die §§ 535 ff. enthalten noch weitere Vorschriften, die die Kündigung betreffen. Allerdings wird die Arbeit dadurch erschwert, dass diese nicht zusammenhängend geregelt sind, sondern im Gesetz verstreut sind.

Können Sie ein System der Kündigungsgründe erstellen?

1. Den Vermieter trifft die **Primärleistungspflicht**, die vermietete Sache während der Mietzeit in einem zum **vertragsmäßigen Gebrauch geeigneten Zustand zu erhalten, § 535 I S. 2 HS 2**. Diese **Pflicht verletzt** er, wenn die Wohnung im Winter nicht mehr auf die normale Raumtemperatur heizbar ist. Da die Instandhaltungspflicht im Gegenseitigkeitsverhältnis steht, kann **M seine Leistung**, also die Zahlung der Miete, **nach § 320 I zurückbehalten**, bis V seiner Leistungspflicht nachkommt (Grenze: § 320 II). Dieses Recht hat M unabhängig von seinen Gewährleistungsrechten nach §§ 536 ff.

2. Minderung nach § 536 I S. 1 bzw. S. 2

- Ein **Mietvertrag besteht**.
- Durch ungenügende Beheizung weicht die Istbeschaffenheit der vermieteten Sache ungünstig von der vertraglich vereinbarten Sollbeschaffenheit ab. Ein **Mangel** liegt demnach vor. Es spielt keine Rolle, ob dieser bereits anfänglich vorhanden war oder erst im Lauf der Zeit entstand.
- Die **Minderung der Tauglichkeit** der Wohnung zum vertragsgemäßen Gebrauch ist **nicht unerheblich, § 536 I S. 3**.
- Ausschlussgründe nach **§§ 536b ff.** greifen nicht ein.
- Als **Rechtsfolge** wird die Miete kraft Gesetzes gem. § 536 I S. 2 angemessen herabgesetzt, da von einer vollständigen Aufhebung des Gebrauchs und damit einer 100%igen Minderung gem. § 536 I S. 1 hier nicht ausgegangen werden kann. Die Höhe der Minderung ist Tatfrage und richtet sich nach den Umständen des Einzelfalls.

3. Falls M die Miete für diejenige Zeit, in der die Wohnung nur unzureichend beheizbar war, **bereits bezahlt** hat (z.B. durch einen Dauerauftrag mit Hilfe einer Überweisung), so kann er **nach § 812 I S. 1 Alt. 1 den zu viel gezahlten Betrag zurückverlangen** (vgl. Schuldrecht BT 2, Rn. 37).

---

hemmer-Methode: Vergleichen Sie die Regelung der Minderung im Mietrecht mit der bei anderen Vertragstypen. Beim Kaufvertrag (§§ 441, 440, 437 Nr. 2, 434) und beim Werkvertrag (§§ 638, 636, 634 Nr. 3, 633) ist die Ausübung eines Gestaltungsrechts notwendig; die Rückabwicklung erfolgt über die §§ 346 ff. Beim Mietvertrag (§ 536 I) und beim Reisevertrag (§§ 651i III Nr. 6, 651m I S. 1) tritt die Minderung dagegen nach h.M. kraft Gesetzes ein. Damit fehlt der Rechtsgrund für das zu viel gezahlte Entgelt und die §§ 812 ff. sind einschlägig (Mietrecht) bzw. es erfolgt eine Rückabwicklung nach § 651m II (Reisevertrag); vgl. auch Schuldrecht BT 2, Rn. 270.

II. Miete

Minderung

SchR-BT II
Karte 21

Die Minderung findet sich als Mängelrecht bei vielen Vertragstypen. Sie ist Ausdruck des Äquivalenzprinzips: Erhält der Vertragspartner eine Leistung, die hinter den vertraglichen Pflichten zurückbleibt, so kann auch er nicht zur vollen Gegenleistung verpflichtet sein.

M schließt im Sommer einen Mietvertrag und fühlt sich lange Zeit in seiner Wohnung sehr wohl. Im ersten Winter entdeckt er, dass die Heizung nicht zu seiner vollen Zufriedenheit funktioniert. Bei maximaler Leistung erwärmt sie die Räume lediglich auf 16 Grad Celsius.

Als der Vermieter wieder die Miete eintreiben will, stellt er sich auf den Standpunkt, dass er überhaupt nichts zahlen müsse.

Hat M Recht?

Anspruch aus § 536a I Var. 1

1. V und M haben einen **Mietvertrag geschlossen**.

2. Voraussetzung ist weiter ein **Sachmangel**. Ein Mangel ist jede für den Mieter ungünstige Abweichung der Istbeschaffenheit von der vertraglich vereinbarten Sollbeschaffenheit, der die Tauglichkeit zum vertragsgemäßen Gebrauch aufhebt oder erheblich (§ 536 I S. 3) mindert. Eine **wasserdurchlässige Decke** stellt einen solchen erheblichen **Mangel** dar.

3. Der Mangel muss bei Abschluss des Vertrags vorhanden gewesen sein. Es genügt, wenn zu diesem Zeitpunkt schon die Ursachen (die „Gefahrenquelle") der späteren Schädigung gelegt waren (sog. latenter Grundmangel). Der Mangel muss noch nicht hervorgetreten sein, genauso wenig der Schaden. Hier war der **Mangel**, die Wasserdurchlässigkeit des Dachs, **zum Zeitpunkt des Vertragsschlusses schon angelegt**, es handelt sich also um einen anfänglichen Mangel.

4. Nach dem Wortlaut des **§ 536a I Var. 1** besteht eine **Garantiehaftung**, ein Verschulden des V ist also nicht erforderlich. Es wird allerdings die Meinung vertreten, dass diese strenge Einstandspflicht dann nicht eingreifen kann, wenn der Vermieter den Mangel auch bei äußerster Sorgfalt nicht hätte erkennen können. Diese Ansicht mag billige Ergebnisse bringen, verstößt aber eindeutig gegen den Gesetzeswortlaut.

5. Nach h.M. umfasst **§ 536a I Var. 1** nicht nur den reinen Mangelschaden (das Äquivalenzinteresse), sondern **auch** den **Mangelfolgeschaden**, also Schäden an sonstigen Rechtsgütern des Mieters (das Integritätsinteresse). Die subsidiären §§ 280 I S. 1, 241 II greifen damit nicht ein (vgl. Schuldrecht BT 2, Rn. 41).

6. Der Anspruch ist auch nicht ausgeschlossen durch die §§ 536b ff.

---

hemmer-Methode: § 284 ist auch auf § 536a anwendbar, obwohl dort nicht vom „Schadensersatzes statt der Leistung" die Rede ist. Dies ist ein *rein sprachliches* Problem, das daraus resultiert, dass noch nicht alle Schadensersatzvorschriften der Terminologie des neuen Schuldrechts angepasst wurden. Da „Schadensersatz statt der Leistung" in der Sache letztlich dasselbe ist wie der frühere Begriff „Schadensersatz wegen Nichterfüllung" (vgl. dazu jetzt noch § 651f I bzw. §§ 523 II S. 2, 524 II S. 2) ist davon auszugehen, dass § 284 auf alle Anspruchsgrundlagen anwendbar ist, die das positive Interesse regeln. Dies ist auch bei § 536a I der Fall (vgl. PALANDT § 536a, Rn. 14).

Fraglich ist, ob man § 284 und § 536a kombinieren kann, wenn über § 536a nur ein Begleitschaden (Mangelfolgeschaden) geltend gemacht wird. Dies ist wohl zu bejahen, da man unstrittig auch § 280 I mit § 284 kumulativ anwenden kann.

II. Miete

Mangelfolgeschaden

SchR-BT II
Karte 20

V und M haben einen Mietvertrag abgeschlossen. M bezieht eine wunderschöne Dachgeschosswohnung in Schwabing. Seine Freude währt aber nicht lange, da eines Tages bei einem Wolkenbruch Wasser durch das Dach in sein Wohnzimmer gerät und seine Möbel ruiniert. Es stellt sich heraus, dass der Dachdecker lange vor der Vermietung der Wohnung an M schlampig gearbeitet hatte und dies für den V nicht erkennbar war.

Kann M Schadensersatz verlangen?

Fraglich ist, ob M ein **Anspruch auf Schadensersatz aus § 536a I Var. 1** zusteht.

1. Der Vertrag zwischen V und M ist als **Pachtvertrag nach § 581 I** zu qualifizieren, da der Eigentümer des Grundstücks die Ausbeute von Bodenbestandteilen einem anderen überlässt und diese Ziehung von Früchten das Schwergewicht der Tätigkeit bildet. Über **§ 581 II** sind die **Vorschriften über die Miete** dann **entsprechend** anzuwenden. Auch wenn der Vertrag auf eine von Anfang an objektiv unmögliche Leistung gerichtet ist, ist der Mietvertrag wegen der Klarstellungsnorm des § 311a I nicht unwirksam.

2. Öffentlich-rechtliche Gebrauchsbeschränkungen, die - wie hier - auf der Beschaffenheit der Sache beruhen, sind ein **Mangel im Sinne des § 536 I**.

Dieser Mangel lag **auch schon bei Abschluss des Vertrags** zwischen V und M vor. Grundsätzlich steht damit dem Schadensersatzanspruch aus § 536a I Var. 1 auf das positive Interesse nichts entgegen.

3. Fraglich ist aber, ob § 536a I einschlägig ist, wenn es aufgrund des anfänglichen Mangels zu überhaupt keiner Gebrauchsüberlassung kommt. Aus dem Wortlaut der §§ 536, 536a (§ 536 I, auf den § 536a verweist, stellt auf die **Überlassung der Mietsache** ab) lässt sich folgern, dass die Anwendung der mietrechtlichen Gewährleistung grundsätzlich die Übergabe der Mietsache voraussetzt. Daher ist **§ 536a I** in derartigen Fällen **nicht anwendbar** (ganz h.M.; gilt aber wiederum nicht beim Rechtsmangel, vgl. KK 23).

4. Die Rechtsfolgen bestimmen sich daher bei anfänglicher Unmöglichkeit nach **§ 311a II S. 1**. M kann daher gemäß den **§ 311a II S. 1** das **positive Interesse** (= Schadensersatz statt der Leistung) verlangen. Alternativ kann er aber gemäß **§§ 311a II S. 1, 284** auch Ersatz vergeblicher Aufwendungen verlangen.

---

hemmer-Methode: Diese Unterscheidung ist insofern von Bedeutung, als es sich bei § 536a I Var. 1 um eine Garantiehaftung handelt. § 311a II setzt dagegen Vertretenmüssen voraus, welches gemäß § 311a II S. 2 vermutet wird. Aufgrund der sog. „Vorwirkung" der Garantiehaftung wird von einer M.M. z.T. vertreten, dass § 311a II insoweit teleologisch zu reduzieren sei, wenn es um das Spannungsfeld zu § 536a I Var. 1 geht.

II. Miete

Abgrenzung zum Allgemeinen Schuldrecht

SchR-BT II — Karte 19

> Wichtig für das Verständnis ist das Zusammenspiel von besonderem und allgemeinem Schuldrecht. Wegen der Spezialität müssen Sie dabei in einer bestimmten Reihenfolge vorgehen:
> 1. Besondere Gewährleistungsvorschriften (z.B. §§ 536 ff.)
> 2. Allgemeine, gesetzliche Vorschriften: Pflichtverletzung (§§ 275 ff., §§ 320 ff.)

V ist Eigentümer eines Grundstücks. Er räumt dem M in einem Vertrag das Recht ein, das bestehende Bimsvorkommen abzubauen. M beantragt daraufhin bei der zuständigen Behörde die Genehmigung zum Bimsabbau, die jedoch unter Verweisung auf ein dort existierendes Wasserschutzgebiet verweigert wird. M will nun von V Schadensersatz.

Kann er das positive oder das negative Interesse verlangen, wenn es bislang noch nicht zur Übergabe des Grundstücks gekommen ist?

Juristisches Repetitorium
examenstypisch • anspruchsvoll • umfassend **hemmer**

1. M hat zunächst aus **§ 535 I S. 2** das Recht, den **Vermieter zu seiner primären Instandhaltungspflicht anzuhalten**.

2. Daneben hat M **drei grundsätzliche Sekundäransprüche**, wenn die Sache mit einem Mangel (Sachmangel, Rechtsmangel oder Fehlen bzw. nicht vorliegende einer zugesicherten Eigenschaft) behaftet ist, §§ 536, 536a.

- **Minderung**, § 536 I (weder Anspruch noch Gestaltungsrecht ⇨ tritt kraft Gesetzes ein)
- **Kündigung**, §§ 543 I, II S. 1, Nr. 1, 569 I, II
- **Schadensersatz** und **Aufwendungsersatz**, § 536a I, II

3. Die *Kündigung* mit der Wirkung einer ex-nunc-Auflösung tritt bei diesen Gewährleistungsvorschriften *an die Stelle des Rücktrittsrechts*. Der Grund liegt darin, dass die Miete ein Dauerschuldverhältnis ist, bei dem eine Rückabwicklung unüberwindliche Schwierigkeiten bereiten würde.

Bei dem Schadensersatzanspruch aus § 536a muss zwischen drei Varianten sorgfältig unterschieden werden. *Bei § 536a I Var. 1 ist kein Verschulden* erforderlich *(Garantiehaftung für anfängliche Mängel)*. §§ 536a I Var. 2, 536a I Var. 3 setzen dagegen ein Vertretenmüssen des Vermieters voraus; bei § 536a I Var. 3 ergibt sich dies aus § 286 IV.

4. Gemeinsame *Voraussetzung* der Ansprüche sind ein *Mangel oder das Nichtvorliegen einer zugesicherten Eigenschaft*. Dabei kann bzgl. des Mangelbegriffs auf die Konzeption bei den §§ 433 I S. 2, 434 zurückgegriffen werden. Auszugehen ist also von dem (einheitlichen) subjektiven Mangelbegriff: Ein *Mangel* liegt dann vor, wenn die *Istbeschaffenheit* der vermieteten Sache ungünstig *von seiner vertraglich bestimmten Sollbeschaffenheit abweicht.* Der Mangel kann auch in einem tatsächlichen oder rechtlichen Verhältnis bestehen (sog. Umweltfehler), das nach der Verkehrsanschauung den Gebrauchswert mindert.

Eigenschaft ist jede Beschaffenheit der Sache selbst und jedes tatsächliche oder rechtliche Verhältnis, das für den Gebrauch der Mietsache von Bedeutung ist. Zugesichert ist eine Eigenschaft, wenn der Vermieter zu erkennen gibt, dass er für den Bestand der betroffenen Eigenschaft und alle Folgen ihres Fehlens einstehen will, vgl. § 276 I S. 1.

> **hemmer-Methode:** Der Unterschied zwischen Mangel und dem Fehlen zugesicherter Eigenschaften ist der, dass der Mangel erheblich sein muss (§ 536 I S. 3). Dies gilt aber für die zugesicherte Eigenschaft nicht, da § 536 II nicht auf Absatz 1, Satz 3 verweist, sondern nur auf die Sätze 1 und 2!

II. Miete
Übersicht Mängelrechte

SchR-BT II
Karte 18

Mieter M ist erbittert über die Regierungspolitik, die seiner Meinung nach ausschließlich die Rechte des Vermieters stärkt. Diese „Miethaie" dürften sich wohl alles herausnehmen.

Er fragt Sie, welche Rechte er überhaupt hat, falls sein Vermieter ihm nur mangelhaften Wohnraum zum Gebrauch überlässt?

1. Der **Mietvertrag** ist durch übereinstimmende Willenserklärungen zustande gekommen, §§ 145 ff. Der Vertrag **könnte aber nach § 125 S. 1 nichtig sein**, wenn eine gesetzlich vorgeschriebene Formvorschrift nicht beachtet wurde.

2. Der Mietvertrag ist **grundsätzlich formfrei**. Eine Ausnahme besteht jedoch gemäß § 550 S. 1 für Mietverträge über Wohnraum, die für länger als ein Jahr geschlossen werden.

a) Dabei handelt es sich um eine gesetzliche Schriftform (str.), deren Verstoß aber **nicht** die Nichtigkeitsfolge des **§ 125 S. 1 bezüglich des Mietvertrages** herbeiführt.

b) An die Nichteinhaltung der Schriftform wird dennoch eine bestimmte Rechtsfolge geknüpft: Der Mietvertrag gilt als für unbestimmte Zeit geschlossen. Unwirksam ist demnach lediglich die Befristung des Mietvertrages, welcher im Übrigen als unbefristeter Mietvertrag bestehen bleibt.

Die ordentliche Kündigung ist aber gemäß § 550 S. 2 frühestens zum Ablauf eines Jahres nach Überlassung des Wohnraums zulässig. Diese Regelung soll dem potenziellen Erwerber der Mietsache, der nach § 566 I in die Rechte und Pflichten des Vermieters eintritt, die Möglichkeit geben, sich umfassend über den Inhalt von langfristigen Mietverträgen zu unterrichten.

Der zwischen V und M abgeschlossene Mietvertrag ist wirksam, aber gemäß § 550 S. 1 auf unbestimmte Zeit geschlossen (beachten Sie, dass bei Formwirksamkeit noch § 575 im Hinblick auf die inhaltlichen Wirksamkeitsanforderungen zu beachten wäre).

---

hemmer-Methode: Letztlich handelt es sich bei § 550 S. 1 um eine gesetzliche Ausnahme zu § 139.

Hinzuweisen ist noch auf die Brückenvorschrift des § 578. Am besten kommentieren Sie sich diesen zu § 550 (soweit dies in Ihrem Bundesland erlaubt ist). Danach gilt § 578 auch für die Grundstücksmiete und die Geschäftsraummiete. Hilfreich ist es auch, sich über die verschiedenen Mietobjekte Klarheit zu verschaffen: Möglich ist die Miete von beweglichen Sachen (Fahrnismiete), die Wohnraummiete, die Grundstücksmiete und die Raummiete. Auf die beiden Letzteren kann über § 578 teilweise Wohnraummietrecht angewendet werden.

II. Miete
Form

SchR-BT II — Karte 17

Bei dem Problem des Schriftformerfordernisses müssen Sie immer folgende Punkte beachten:
- ⇨ Ist eine Schriftform gesetzlich vorgeschrieben oder wurde sie vertraglich vereinbart?
- ⇨ Ist sie eingehalten worden?
- ⇨ Ist ein möglicher Verstoß geheilt?
- ⇨ Greift ausnahmsweise § 242 ein, sodass sich der Vertragspartner nicht auf die Formnichtigkeit berufen kann?

V und M schließen nun einen Mietvertrag über eine Wohnung per Handschlag. Die Mietzeit soll zwei Jahre betragen. Wenig später fragen sie sich, ob der Vertrag überhaupt wirksam ist.

Ist der geschlossene Vertrag wirksam?

1. Die Miete ist ein **gegenseitiges Dauerschuldverhältnis, bei dem sich der Vermieter verpflichtet, dem Mieter eine Sache zum Gebrauch auf Zeit zu überlassen, § 535 I S. 1. Der Mieter ist im Gegenzug verpflichtet, die vereinbarte Miete zu zahlen, § 535 II**.

2. Pflichten des Vermieters

- *Gebrauchsüberlassungspflicht, § 535 I S. 1*
- *Gebrauchserhaltungspflicht bzw. Instandhaltungspflicht, § 535 I S. 2:*

  Diese Pflicht trifft grundsätzlich den Vermieter, eine Übernahme durch den Mieter ist aber möglich (wichtiges Beispiel sind die Schönheitsreparaturen).

- *Gewährleistung für Sach- und Rechtsmängel, §§ 536, 536a*
- *Allgemeine Schutz- und Sorgfaltspflichten, §§ 280 I S. 1, 241 II*
- *Ersatz von Verwendungen des Mieters, §§ 536a II, 539 I*
- *Lastentragungspflicht, § 535 I S. 3*
- *Pflicht, die Wegnahme von Einrichtungen zu dulden, §§ 539 II, 552*

3. Pflichten des Mieters

- *Zahlung der Miete, § 535 II*: Geschuldet ist grundsätzlich Geld, möglich ist aber auch das Erbringen von Dienstleistungen, z.B. als Hausmeister.
- *Keine Überschreitung des vertragsgemäßen Gebrauchs der Mietsache*: Diese Verpflichtung ergibt sich nicht direkt aus dem Gesetz, jedoch aus dem Rückschluss aus §§ 538, 540, 541, 543 II S. 1, Nr. 2, 553.
- *Obhuts- und Sorgfaltspflicht, vgl. § 536c*
- *Duldungspflicht*: vgl. auch die Sonderregelung in §§ 554 bzw. 242
- *Rückgabepflicht, § 546*

---

hemmer-Methode: Immer wenn Sie sich einen neuen Vertragstyp erarbeiten, sollten Sie sich die wichtigsten Charakteristika klarmachen. Sie können schon daraus ableiten, welche Vorschriften in bestimmten Fällen anwendbar sein werden. Liegt z.B. ein Dauerschuldverhältnis vor, so wird regelmäßig nur eine Kündigung den Vertrag beenden; eine vollständige Rückabwicklung wäre nicht möglich. Beachten Sie zur Anfechtung Schuldrecht BT 2, Rn. 20!

II. Miete
Grundsätzliches

SchR-BT II
Karte 16

V und M wollen einen Mietvertrag abschließen. Beide haben jedoch eine unüberwindliche Scheu vor jedweden rechtlichen Bindungen. Sie fragen deshalb, welche Rechte und Pflichten mit dem Abschluss eines Mietvertrags auf sie zukommen.

Können Sie in knappen Worten Auskunft geben?

1. Anspruch aus § 985
Ursprünglich war **A Eigentümer**. **F** hat jedoch **gutgläubig Eigentum nach §§ 929 S. 1, 932 I S. 1, II erworben**. § 935 I S. 1 ist nicht einschlägig, da das Buch dem A *nicht abhanden* gekommen ist, sondern er es dem B freiwillig gegeben hat.

2. Der **Anspruch aus § 861 I** scheitert an der fehlenden verbotenen Eigenmacht der F, § 858 I.

3. **Ansprüche aus § 1007 I, II** greifen nicht, da zum einen die F gutgläubig war und zum anderen A das Buch nicht abhanden gekommen ist.

4. Ein **Anspruch** aus §§ 823 I, 249 I scheitert daran, dass der gutgläubiger Erwerb der F ein Rechtfertigungsgrund für die Eigentumsverletzung des A ist.

5. Anspruch aus § 816 I S. 2 (Durchgriff)
B war **nicht zur Verfügung berechtigt und damit Nichtberechtigter** im Sinne von § 816 I S. 2. Die **Verfügung** erfolgte **unentgeltlich** und **F** hat als rechtlichen Vorteil das **Eigentum am Buch erlangt. Der Anspruch aus § 816 I S. 2 besteht** (vgl. BereicherungsR, Rn. 389 ff.). Dieser Anspruch ist auf Übereignung des Buches an A gerichtet.

Beachten Sie, dass dieser Anspruch eine doppelte Durchbrechung von bereicherungsrechtlichen Grundsätzen beinhaltet. Zum einen unterliegt der ganze § 816 nicht dem Grundsatz der Subsidiarität der Nichtleistungskondiktion. Zum anderen durchbricht § 816 I S. 2 das Prinzip, dass das Bereicherungsrecht nicht den gutgläubigen Erwerb aushebeln soll.

---

hemmer-Methode: Trainieren Sie Ihr assoziatives Wissen, es ist neben dem Gesetz Ihr wichtigstes Hilfsmittel im Examen! Die „Schwäche des unentgeltlichen Erwerbs" ist ein übergreifendes Thema, das vielen Vorschriften zugrunde liegt. Lesen Sie nur §§ 816 I S. 2, 822, 988, 1390, 2287, 2329. Ähnlich sind auch §§ 1425 I, 1641, 1804, 2113 II, 2205 S. 3; diese Vorschriften lassen allerdings die Schenkung sogar dinglich unwirksam sein - mit der Folge des § 985. Die Schwäche des unentgeltlichen Erwerbs wird auch häufig als Argumentationsfigur bei schwierigen Dreiecksverhältnissen im Bereicherungsrecht gebraucht.

Lernen Sie auch, indem Sie selbständig Abwandlungen entwickeln. Wie könnte der obige Fall z.B. anspruchsvoller gemacht werden? Anbieten würde sich etwa eine gemischte Schenkung mit all ihren Folgeproblemen oder die Einschaltung von Mittelspersonen. Denken Sie bei § 816 I S. 2 (und § 988) auch an das Problem, ob der rechtsgrundlose Erwerb dem unentgeltlichen gleichgestellt werden soll (vgl. auch BereicherungsR, Rn. 393 ff. und SachenR I, Rn. 378 ff.).

I. Schenkung

Unbeständigkeit des Erwerbs

SchR-BT II
Karte 15

A leiht dem B ein Buch mit dem Titel „Unwägbarkeiten des Eigentumserwerbs im Zivilrecht". B gibt das Buch nicht zurück, sondern verehrt es vielmehr seiner angebeteten F.

Kann A von F das Buch herausverlangen?

1. Zugewinnausgleich

Bei einer Scheidung wird der Zugewinn (vgl. § 1373) zwischen den Ehegatten nach §§ 1372 ff. ausgeglichen. Übersteigt der Zugewinn des einen Ehegatten den des anderen, so hat Letzterer einen schuldrechtlichen Ausgleichsanspruch in Höhe der Hälfte des Überschusses nach § 1378 I. Selbst wenn M also ausgleichsberechtigt wäre, hätte er **nur einen Anspruch auf Zahlung einer bestimmten _Geldsumme_**.

Merken Sie sich: Die §§ 1372 ff. verdrängen als spezielle Vorschriften grundsätzlich (!) schuldrechtliche Ansprüche, sog. Ausschließlichkeitsgrundsatz (vgl. FamilienR, Rn. 217). Die Ehegatten können jedoch wie jeder andere Schuldverträge abschließen, deren Forderungen in den Zugewinnausgleich lediglich als Berechnungsposten einfließen und somit dem Ausschließlichkeitsgrundsatz nicht entgegenstehen.

2. Schuldrechtliche Ansprüche

- Die **§§ 530 I, 531 II, 812 ff.** setzen voraus, dass überhaupt eine Schenkung vorliegt. Nach der Rechtsprechung **fehlt es jedoch an der Unentgeltlichkeit**, wenn die Zuwendung der ehelichen Lebensgemeinschaft dient (unbenannte Zuwendung).
- Ein Anspruch aus **§§ 731, 733 II analog** für die Auseinandersetzung einer **Innengesellschaft** scheitert daran, dass **kein über die Lebensgemeinschaft hinausgehender Zweck vereinbart** wurde.
- M und F sind auch nicht Miteigentümer nach §§ 1008 ff., sodass ein Anspruch aus Bruchteilsgemeinschaft nach §§ 752 ff. ausscheidet.
- Ansprüche aus **§§ 812 ff. werden durch die §§ 1372 ff. verdrängt**. Ohnehin scheitert § 812 I S. 2 Alt. 1 daran, dass der familienrechtliche Vertrag, der den Behaltensgrund für die Zuwendung bildet, nicht auflösend bedingt ist, und § 812 I S. 2 Alt. 2 an der fehlenden Zweckvereinbarung.
- Ein möglicher Anspruch aus **Störung der GG wird regelmäßig von den §§ 1372 ff. verdrängt**. Wenn der güterrechtliche Ausgleich schlechthin unzumutbar ist, kommt ausnahmsweise ein Anspruch in Betracht. Dieser besteht z.B. dann, wenn ein schützwürdiges Interesse gerade an der Rückübertragung des Eigentums besteht und es unerträglich erscheint, dass der andere Ehegatte auf sein Eigentum besteht, anstatt sich mit einem angemessenen Ausgleich zu begnügen (vgl. zum Ganzen: FamilienR, Rn. 227 ff.).

Hier liegen diese Voraussetzungen aber nicht vor.

---

hemmer-Methode: Merken Sie sich vor allem das Verhältnis der §§ 1372 ff. als leges speciales zu anderen Ausgleichsansprüchen: sog. Ausschließlichkeitsgrundsatz.

I. Schenkung
Unbenannte Zuwendung

SchR-BT II
Karte 14

Nach der Scheidung einer Ehe werden häufig Herausgabeansprüche auf bestimmte Sachen erhoben, die dem Ehegatten in besseren Zeiten verehrt wurden. In den meisten Fällen handelt es sich nicht um Schenkungen, sondern um unbenannte Zuwendungen. Es kommt das Problem hinzu, ob die Regelung des Zugewinnausgleichs in §§ 1372 ff. andere Ansprüche verdrängt.

Der Ehemann M lebt mit seiner Ehefrau F im gesetzlichen Güterstand und erweitert die Familienbibliothek um eine Gesamtausgabe der Werke Goethes. Zu seiner Ehefrau F sagt er: „Die Ausgabe ist für Dich, damit Du endlich etwas für Deine Bildung tust." Einige Jahre später wird die Ehe geschieden.

Kann M „seinen" Goethe zurückverlangen?

Juristisches Repetitorium
examenstypisch • anspruchsvoll • umfassend **hemmer**

1. Möglicherweise hat M einen **Anspruch aus §§ 525, 527 I, 812 ff. bzw. aus §§ 530, 531 II, 812 ff.**, falls es sich bei den geleisteten Diensten um eine Schenkung handeln sollte. **Zuwendungen innerhalb einer Lebensgemeinschaft sind in der Regel aber keine Schenkungen**, sondern *sog. unbenannte Zuwendungen* (vgl. FamilienR, Rn. 228 ff.).

2. Ein Anspruch aus **Dienstvertrag (§§ 611, 612 I) kommt nicht in Betracht, da es gerade am Austauschverhältnis von Dienstleistung und Vergütung fehlt**. M erbrachte seine Leistung, um ein gemeinsames Zusammenleben zu ermöglichen und nicht um eine Vergütung zu erhalten.

3. Eine analoge Anwendung des **Anspruchs auf Zugewinnausgleich (§ 1378 I i.V.m. §§ 1372 ff.) ist für die nicht eheliche Lebensgemeinschaft (NeLG) nicht möglich.** Schlagwort: Wer sich nicht in den „Hafen der Ehe" begibt, wird auch nicht von den entsprechenden Vorschriften geschützt.

4. Genauso scheitert der Anspruch aus §§ 1298, 1301, da nun im Verlöbnis noch nicht geschlossen wurde; eine vergleichbare Interessenlage, Voraussetzung für eine Analogie, liegt mangels Bindungsabsicht auch nicht vor.

5. Der Anspruch aus **§ 733 II S. 1** (§ 733 II S. 3 ist abdingbar!) **setzt voraus**, dass zumindest eine **Innengesellschaft** zustande gekommen ist. An Indizien für einen entsprechenden RB-Willen fehlt es hier.

6. § 812 I S. 1 Alt. 1 scheitert an § 814. Auch wurde das Fortbestehen der Lebensgemeinschaft nicht zur Bedingung erhoben, so dass auch § 812 I S. 2 Alt.1 ausscheidet.

7. Die condictio ob rem nach **§ 812 I S. 2 Alt. 2 erfordert eine Zweckvereinbarung**, die aber nicht Vertragsinhalt geworden sein darf. Andererseits ist ein einseitiges Motiv nicht ausreichend. Für die tatsächliche Einigung genügt es aber, wenn F die Zweckbestimmung des M (= Fortführung der Partnerschaft) positiv gekannt hat, auch wenn sie sich nicht dazu geäußert hat (Gedanke des Treu und Glaubens). Der Zweck für die geleisteten Dienste des M ist in der Vergangenheit aber erreicht worden. Im Gegenzug hat er auch von Leistungen der F profitiert.

8. Ansprüche aus *Störung der GG kommen vorliegend nicht in Betracht*. Der BGH wendet seit 2008 zwar grundsätzlich § 313 als Billigkeitsausgleich auch bei nicht-ehelichen Lebensgemeinschaften an (Life&Law 2008, 719 ff.; vgl. zum Ganzen: FamilienR, Rn. 323 ff.). Das setzt aber voraus, dass wesentliche wirtschaftliche Werte geschaffen wurden, was hier nicht der Fall ist.

---

hemmer-Methode: Merken Sie sich an diesem Fall zweierlei. Zuwendungen innerhalb einer Lebensgemeinschaft fallen in der Regel nicht unter §§ 516 ff. und zweitens, dass bei Abwicklung einer NeLG ein Ausgleich grds. nicht stattfindet. Eine Lösung über § 313 sowie § 812 I S. 2 Alt. 2 ist nur ausnahmsweise möglich.

I. Schenkung

Unbenannte Zuwendung

SchR-BT II
Karte 13

> Bei Zuwendungen zwischen Ehegatten oder auch innerhalb einer nicht ehelichen Lebensgemeinschaft nimmt die Rechtsprechung regelmäßig an, dass keine Schenkung vorliegt. Sie werden nämlich gemacht, damit auch der andere seinen Teil zur gemeinsamen Lebensführung beiträgt (keine Unentgeltlichkeit). Schlagwort: Unbenannte Zuwendung.

M und F leben in nichtehelicher Lebensgemeinschaft zusammen. M führte als treu sorgender Mann jahrelang den Haushalt. Dabei erwähnte er des Öfteren, dass er dies nur tue, damit sie für immer zusammen bleiben und später heiraten könnten. Ansonsten hätte er schon längst Karriere als Rechtsanwalt gemacht. F nimmt das zur Kenntnis, schweigt aber. Schließlich geht das Paar doch getrennte Wege. M ist sich seiner juristischen Kenntnisse nach so langer Enthaltsamkeit doch nicht mehr so sicher.

Kann M wenigstens für seinen geleisteten Haushaltsdienst Ausgleich in Geld verlangen?

1. Schenkung unter Auflage, §§ 525 ff.

Die Auflage ist die der Schenkung **hinzugefügte Bestimmung**, dass der Empfänger zu einer Leistung, die in einem **Tun oder Unterlassen** bestehen kann, **verpflichtet** sein soll. Die Gegenleistung darf jedoch nicht in einer synallagmatischen, konditionalen (§ 158) oder kausalen Verknüpfung zur Schenkung stehen.

Eine **Schenkung unter Auflage** liegt deshalb **nur dann** vor, wenn die Parteien sich einig sind, dass **Leistung und Gegenleistung nicht in einem Gegenseitigkeitsverhältnis** stehen, was regelmäßig dann der Fall ist, wenn die Gegenleistung aus dem Wert des Geschenks erbracht werden soll. Damit bleibt die Unentgeltlichkeit gewahrt, da der Wert des Geschenks nur vermindert, aber nicht aufgehoben wird.

Der Schenker ist nach **§ 525 I vorleistungspflichtig**, kann dann aber im Gegenzug die Vollziehung der Auflage verlangen. Die Tante hätte also die Reise von N verlangen können. Eine **Rückforderung** des Geschenks ist jedoch **nur beschränkt möglich nach § 527 I**. Die Formulierung über das „Rücktrittsrecht bei gegenseitigen Verträgen" verweist nur auf die §§ 323, 326. Im Fall hatte **N** aufgrund seiner Vergesslichkeit die Vollziehung der Auflage unmöglich gemacht. Er ist deshalb **zur Herausgabe nach §§ 527 I, 326 V i.V.m. 812 ff. verpflichtet (vgl. Schuldrecht BT 2, Rn. 211)**. Zu beachten ist, dass dies nur den Teil des Geschenks betrifft, der zur Vollziehung der Auflage erforderlich war. N muss also eine Summe in Höhe der Reisekosten zurückerstatten.

2. Zweckschenkung

Bei dieser wird vom Schenker ein für den Beschenkten **erkennbarer, bestimmter Zweck** verfolgt, etwa die Veranlassung zu einem bestimmten Verhalten. Im Unterschied zur Schenkung unter Auflage **kann der Schenker bei der Zweckschenkung die erwartete Leistung des Beschenkten nicht verlangen**. Schlägt der Zweck fehl, so dient **§ 812 I S. 2 Alt. 2 der Rückabwicklung** (vgl. BereicherungsR, Rn. 284 ff.).

---

hemmer-Methode: Abgrenzungen sind kein Selbstzweck. Arbeiten Sie immer mit Blick auf die Rechtsfolgen. Sind diese unterschiedlich, wie hier, so müssen Sie dem Korrektor zeigen, dass ein Problem vorliegt. Dann grenzen Sie die rechtlichen Möglichkeiten kurz voneinander ab, um schließlich unter Auslegung des Parteiwillens bei der Subsumtion ein Ergebnis zu finden.

Zum Sonderproblem des Rückforderungsanspruches nach §§ 528 I S. 1, 812, 818 BGB bei Verarmung des Schenkers lesen Sie BGH, Life&Law 11/2018, 734 ff.

I. Schenkung
Schenkung unter Auflage

SchR-BT II
Karte 12

Die reiche Tante T aus Hamburg schenkt ihrem treuen Neffen N 5.000,- €, allerdings mit der Auflage, sich für ein paar Tage vom Jurastudium in München loszureißen und sie zum Geburtstag zu besuchen. N vergisst den Geburtstag.

Hätte T die Reise verlangen können?

Kann sie die 5.000,- € zurückverlangen?

Wie wäre es, wenn T das Geschenk mit der stillen Erwartung machte, dass N sie endlich besuchen solle und N dies auch erkannte?

1. Im Bereich der Schenkung gelten für die Haftung für Sach- und Rechtsmängel die §§ 523, 524. Als **Grundregel** kann man sich merken, dass der **Schenker regelmäßig nicht haftet, es sei denn er hat den Fehler arglistig verschwiegen.**

a) Der Fehlerbegriff ist genauso wie der Mangelbegriff in §§ 434 subjektiv aufgrund der konkreten Parteivereinbarung zu bestimmen.

b) Die **Arglist** setzt sich aus zwei Elementen zusammen: Zum einen muss der Täuschende die Unrichtigkeit seiner Angaben kennen, bedingter Vorsatz genügt. Zweitens muss der Handelnde wissen, dass der andere durch die Täuschung zur Abgabe einer Willenserklärung bestimmt wird, d.h. dass dieser bei wahrheitsgemäßer Erklärung nicht oder nur zu anderen Bedingungen abgeschlossen hätte (vgl. BGB AT III, Rn. 434 f.).

Bei einem **arglistigen Verschweigen** haftet der Schenker außerdem **nur** auf das **Vertrauensinteresse** und nicht auf das Erfüllungsinteresse. Diese Auslegung **ergibt sich e contrario aus §§ 523 II, 524 II** (vgl. zum Ganzen: Schuldrecht BT 2, Rn. 202).

Im Fall muss A dem B daher nur dann die Restaurationskosten ersetzen, wenn er die Fälschung arglistig verschwiegen hat, § 524 I.

2. Andere Anspruchsgrundlagen kommen nicht in Betracht.

a) Der Anspruch aus §§ 280 I S. 1, 241 II ist durch §§ 523, 524 als leges speciales *aufgrund Subsidiarität ausgeschlossen.*

b) *§ 823 I greift nicht ein, da lediglich ein Vermögensschaden vorliegt und das Vermögen als solches kein geschütztes Rechtsgut ist.*

---

hemmer-Methode: Merken Sie sich folgenden Grundsatz für die Haftung des Schenkers: „Einem geschenkten Gaul schaut man nicht ins Maul". Ausnahmen ergeben sich aus §§ 523, 524. Auch die Voraussetzungen einer Garantie für die Beschaffenheit der Sache, die über den Gesetzeswortlaut hinaus wirksam möglich ist, unterscheiden sich nicht von denen bei den §§ 276 I, 443, 444. Zu beachten ist allerdings, dass für eine wirksame Garantie die Form nach § 518 eingehalten sein muss (PALANDT § 524, Rn. 3).

I. Schenkung

Gewährleistungsrecht

SchR-BT II
Karte 11

Der Schenker möchte dem Beschenkten etwas zukommen lassen, ohne dafür eine Gegenleistung in Anspruch zu nehmen. Es ist deshalb klar, dass der Schenker nicht im selben Maß für die Fehlerlosigkeit des Gegenstands einstehen muss wie z.B. der Verkäufer. Andererseits kann er aber auch nicht völlig von der Gewährleistung freigestellt werden. Die §§ 523, 524 versuchen, einen Mittelweg zu finden.

A schenkt dem B eine scheinbar wertvolle Kommode. B lässt sie aufwendig restaurieren. Dabei stellt sich heraus, dass das angebliche Sammlerstück eine wertlose Fälschung ist.

Kann B von A Ersatz der nutzlos aufgewandten Kosten verlangen?

Juristisches Repetitorium
examenstypisch · anspruchsvoll · umfassend **hemmer**

1. Anspruch aus § 524 I

Voraussetzung für den Anspruch aus § 524 I ist, dass ein **Fehler vorliegt**. Die Kartoffelpülpe **als solche leidet jedoch nicht an einem Fehler**, sondern war nur vorsichtig zu dosieren. Betroffen ist also die verletzte Nebenpflicht der Aufklärung über die Risiken der Fütterung. Die Aufklärung soll den L nicht in seinem Leistungsinteresse schützen, sondern in den schon vorhandenen Rechtsgütern (sog. Schutzpflicht). **§ 524 I ist damit nicht einschlägig.**

2. Anspruch aus §§ 280 I S. 1, 241 II

Der zum speziellen Gewährleistungsrecht subsidiäre Anspruch aus §§ 280 I S. 1, 241 II kann hier zur Anwendung kommen, da die gesetzliche Gewährleistung nicht eingreift. S hat auch die Nebenpflicht zur Aufklärung verletzt, allerdings nach Meinung des BGH nur leicht fahrlässig.

Problematisch ist dann, ob dem Schenker die gesetzliche Haftungsmilderung in § 521 zugute kommt. Fraglich ist das deshalb, weil § 521 den großzügigen Schenker in erster Linie dann begünstigen will, wenn das Erfüllungsinteresse des Gläubigers, nicht aber unbedingt wenn das Erhaltungsinteresse betroffen ist. Der BGH hat die salomonische Entscheidung getroffen, dass **§ 521 auch dann eingreift, wenn es um Schutzpflichten geht, die im Zusammenhang mit dem Vertragsgegenstand stehen** (BGHZ 93, 23 ff). Dieser Zusammenhang besteht hier, da der Schaden durch den nach dem Vertrag vorausgesetzten Verbrauch entstanden ist. Der Anspruch aus **§§ 280 I S. 1, 241 II scheitert damit an § 521**.

3. Anspruch aus § 823 I

S hat **rechtswidrig das Eigentum des L verletzt**. Auch hier greift jedoch die **Haftungsmilderung des § 521** ein. Soweit sie dem S wegen Verletzung von vertraglichen und vorvertraglichen Schutzpflichten zugute kommt, muss sie **auch auf die Ansprüche aus unerlaubter Handlung durchschlagen**.

> **hemmer-Methode:** Es handelt sich bei diesem Fall um einen klassischen Dreierschritt. Zuerst die Abgrenzung der Mängelhaftung zum subsidiären allgemeinen Schuldrecht (§§ 280 I S. 1, 241 II), dann die Erörterung der Reichweite des § 521 nach Sinn und Zweck und schließlich die Synchronisierung von Vertragsrecht und Deliktsrecht. Gerade bei Letzterem sollte man sich aber vor Verallgemeinerungen hüten, grds. besteht nämlich Anspruchskonkurrenz. Entfernen Sie sich bei diesem Fall auch nicht zu weit von der „Musterlösung".

I. Schenkung

Kartoffelpülpe-Fall

SchR-BT II
Karte 10

> Haftungsmilderung bzw. Haftungsausschluss sind immer wiederkehrende Probleme. Bekannt ist die Frage der Behandlung der gestörten Gesamtschuld und der Streit um den Haftungsmaßstab bei Gefälligkeitsverhältnissen (§§ 521, 599, 690 analog?). Das dritte Problem besteht oft darin, durch Auslegung die Reichweite der Haftungsmilderung zu bestimmen: Greift sie nur im vertraglichen Bereich oder auch im deliktischen?

S stellt Kartoffelchips her, wobei als Abfallprodukt Kartoffelpülpe entsteht. Diese schenkt er dem Landwirt L als Viehfutter, der es auch sogleich begeistert verwendet. Leider hat die Kartoffelpülpe bei Überfütterung die Nebenwirkung, dass die Tiere eingehen. L meint, S habe ihn nicht genügend aufgeklärt.

Kann L von ihm Schadensersatz verlangen?

Juristisches Repetitorium
examenstypisch • anspruchsvoll • umfassend **hemmer**

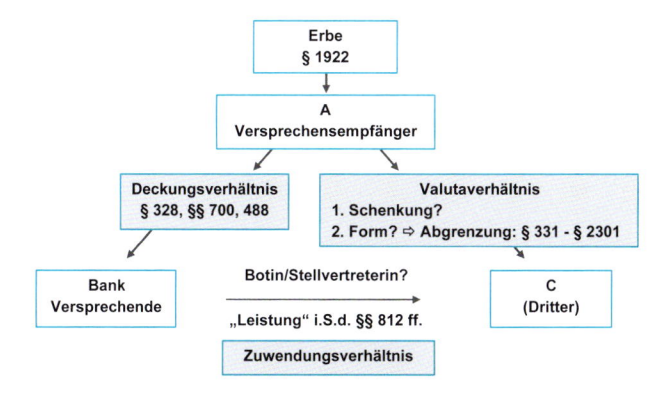

```
                    ┌─────────────┐
                    │    Erbe     │
                    │   § 1922    │
                    └──────┬──────┘
                           │
                　┌────────┴────────┐
                　│        A        │
                　│ Versprechensempfänger │
                　└────┬───────┬────┘
                       │       │
         ┌─────────────┘       └──────────────┐
┌────────┴─────────┐                 ┌────────┴──────────────┐
│ Deckungsverhältnis│                 │   Valutaverhältnis    │
│ § 328, §§ 700, 488│                 │ 1. Schenkung?         │
└────────┬─────────┘                 │ 2. Form? ⇨ Abgrenzung:│
         │                           │      § 331 - § 2301   │
         │                           └──────────┬────────────┘
         │                                      │
┌────────┴────────┐   Botin/Stellvertreterin?   │
│      Bank       │  ─────────────────────────  │     ┌──────┐
│  Versprechende  │   „Leistung" i.S.d. §§ 812 ff. │   │  C   │
└─────────────────┘                              │   │(Dritter)│
                        ┌──────────────────┐    │   └──────┘
                        │ Zuwendungsverhältnis │ │
                        └──────────────────┘
```

a. Das **Verhältnis zw. dem Erblasser und der Bank** wird **Deckungsverhältnis** genannt. Bei dem Vertrag zugunsten des Dritten (§§ 328 ff.) ist die Bank die Versprechende und der Erblasser der Versprechensempfänger. Die Forderungen aus dem Sparbuch werden von der h.M. als Herausgabeansprüche aus einem unregelmäßigen Verwahrungsvertrag behandelt: §§ 700 I S. 1, 488 I S. 2. Mit dem Tod gehen diese auf den Dritten über, § 331 I.

b. Das **Verhältnis zwischen dem Erblasser und dem begünstigten Dritten** ist das **Valutaverhältnis**. Der Erblasser will eine Schenkung vornehmen. Regelmäßig tritt die Bank als Botin oder Vertreterin des Erblassers nach dessen Tod auf (§§ 130 II, 153, 151). Der Erbe kann also bis zum Zugang der Willenserklärung an den Dritten widerrufen. Für die Frage der Formnichtigkeit ist das Verhältnis von § 2301 zu § 331 zu diskutieren. Nach der Rspr. ist § 331 lex specialis. Es liegt eine Schenkung unter Lebenden vor, sodass nur § 518 zu prüfen ist.

c. Das **Verhältnis zwischen Bank und Drittem** wird **Zuwendungsverhältnis** genannt. Es bestehen keine vertraglichen Beziehungen, die Bank erbringt aber eine Leistung gegenüber dem Dritten, weil sie sich dazu im Vertrag zugunsten Dritter mit dem Erblasser verpflichtet hat.

> **hemmer-Methode:** Versuchen Sie, sich komplexe Sachverhalte durch eine Graphik zu verdeutlichen. Denken Sie daran, Ihr bildliches Gedächtnis zu trainieren. In der Examensklausur wird teilweise nur auf Herausgabe des Sparbuchs geklagt. Dann ist maßgebliche Vorschrift § 985 i.V.m. § 952 II.

I. Schenkung
Sparbuchfall (Graphik)

SchR-BT II
Karte 9

Lesen Sie sich noch einmal den Sparbuchfall durch und versuchen Sie, die einzelnen Rechtsverhältnisse aus dem Gesamtkomplex zu isolieren.

Erstellen Sie eine entsprechende Graphik und markieren Sie sich die Problempunkte.

Juristisches Repetitorium
examenstypisch • anspruchsvoll • umfassend **hemmer**

1. Möglicherweise kann E als Erbe, § 1922, die **Forderung des C gegen die B-Bank aus §§ 700 I S. 1, 488 I S. 2, 331 I, 328 I nach § 812 I S. 1 Alt. 1 herausverlangen**, wenn C diese Forderung erlangt hat und dies ohne Rechtsgrund geschah.

2. Erlangtes etwas ist die Forderung des C gegen die B-Bank aus §§ 328, 331 I i.V.m. §§ 700 I S. 1, 488 I S. 2: A hat mit der B-Bank einen echten Vertrag zugunsten Dritter (hier C) geschlossen, aufgrund dessen C die Forderung mit dem Todesfall des A erworben hat. § 2301 ist auf diesen Vertrag im Deckungsverhältnis zwischen A und B-Bank nicht anwendbar. Eine zurechenbare Leistung von A an C liegt vor.

Fraglich ist dagegen, ob der Forderungserwerb des C **ohne Rechtsgrund** erfolgte. Dabei eröffnen sich **zwei Problemkreise**:

- Zunächst muss zwischen A und C ein **Schenkungsvertrag** zustande gekommen sein. Das Angebot des A sollte die B-Bank als Botin/Vertreterin nach seinem Tod an C übermitteln/abgeben. Der Tod des A hat auf die Wirksamkeit des Angebots keinen Einfluss: §§ 130 II, 153. Kommt man dagegen zum Ergebnis, die **B-Bank habe als Stellvertreterin gehandelt, so ergibt sich die Vertretungsmacht aus §§ 167 I Alt. 1, 672 S. 1**. C hat seinerseits das **Angebot angenommen, § 151**.

- Problematisch ist zweitens, ob die **Schenkung im Valutaverhältnis zwischen A und C der Form des § 2301 bedarf oder ob § 331 eine Spezialregelung enthält.** Der Formmangel des § 518 I ist jedenfalls geheilt, da C nach § 331 Inhaber der Forderung geworden ist, § 518 II. Einerseits wird die Meinung vertreten, dass das Vermögen des Erblassers gerade den Erben entzogen wird („Opfergedanke"), sodass die Anwendung des § 2301 erforderlich ist, um eine Aushöhlung der erbrechtlichen Formvorschriften zu verhindern. Dem wird von der **h.M.** entgegengehalten, dass von einer Aushöhlung nicht die Rede sein könne, da § 331 gerade diese Vorgehensweise des Erblassers ermögliche, ohne besondere Formvorschriften aufzustellen. **§ 331 sei daher lex specialis**. Es handelt sich um ein **Rechtsgeschäft unter Lebenden, das nach § 518 II geheilt ist** (ErbR, Rn 139).

---

hemmer-Methode: Der Sparbuchfall ist komplex und nicht einfach zu durchschauen. Lassen Sie sich nicht entmutigen und lernen Sie den Fall als Ganzes. Er ist ein beliebter Baustein in Klausuren.

E hätte bis zum Zugang der Erklärung der B-Bank an C widerrufen können. Dann hätte kein Angebot vorgelegen, § 130 I S. 2, bzw. wäre die Vertretungsmacht entfallen, §§ 671 I, 168 S. 1, und ebenso der Rechtsgrund der Schenkung. Der Anspruch aus § 812 I S. 1 Alt. 1 würde durchgreifen.

I. Schenkung
Sparbuchfall

SchR-BT II
Karte 8

> Der „Bonifatiusfall" lässt sich zu einem echten Dreiecksverhältnis ausbauen, wenn der künftige Erblasser mit einer Bank einen Vertrag mit dem Inhalt abschließt, dass sein Guthaben nach dem Tod an einen Dritten übergehen soll. Es ergibt sich dann das Problem, ob die §§ 328 ff. Spezialregelungen enthalten, die § 2301 vorgehen.

A beauftragt die B-Bank, seinem Freund C nach dem Tod von seinem Sparbuchkonto 5.000,- € auszuzahlen. Als A stirbt, teilt die B-Bank dem erfreuten C den Sachverhalt mit. Der Erbe E des A fühlt sich um einen Teil seines Erbes gebracht und fragt Sie, ob er die Auszahlung verhindern kann.

Was hätte er unternehmen können?

Juristisches Repetitorium
examenstypisch · anspruchsvoll · umfassend **hemmer**

1. Anspruch aus §§ 985, 1922

Die Wertpapiere sind **Inhaberpapiere**, deren **Übertragung nach §§ 929 ff.** erfolgt. § 952 ist dagegen nicht anwendbar. Da zu Lebzeiten keine Übereignung erfolgt ist, hat E zunächst Eigentum erworben, § 1922. E könnte sein Eigentum verloren haben, wenn eine dingliche Einigung und eine Übergabe erfolgt ist.

Das Angebot des P liegt in der Abgabe der Papiere an den Boten A. Die **Willenserklärung des P bleibt auch nach seinem Tod wirksam: §§ 130 II, 153**. Die Annahme erfolgte nach § 151 S. 1 unter Verzicht auf den Zugang. Die **dingliche Einigung** ist erfolgt. Ein **Widerruf**, der im Gegenschluss zu §§ 873 II, 956 I S. 2 jederzeit möglich ist, **fand nicht statt**. Die Übergabe ist an den Bischof und damit an ein Organ des Bonifatiusvereins erfolgt (sog. Organbesitz). Möglich ist es auch, den Bischof als Stellvertreter zu sehen, der für B den Besitz mittelt, § 868. **E hat damit sein Eigentum verloren. Der Anspruch aus § 985 besteht nicht mehr.**

2. Anspruch aus § 812 I S. 1 Alt. 1

Der Bonifatiusverein hat Eigentum und Besitz an den Wertpapieren durch eine **Leistung des P** (oder jedenfalls des E) erlangt. Problematisch ist dagegen, ob **mit einer wirksamen Schenkung ein Rechtsgrund vorliegt**.

Für Angebot und Annahme gelten wiederum §§ 130 II, 153 und § 151. Der **Formmangel des § 518 I ist geheilt**, da eine Bewirkung nach § 518 II auch nach dem Tod des Schenkers erfolgen kann (hier also die Übereignung). Möglicherweise scheitert die Schenkung aber am **Formerfordernis des § 2301**, wenn es sich um eine Schenkung von Todes wegen handeln sollte. Eine solche liegt vor, da P die Schenkung an die (wenn auch stillschweigende) Bedingung geknüpft hat, dass der Bonifatiusverein als juristische Person ihn „überlebt" (sehr umstritten). Da die erbrechtlichen Formen (§§ 2247, 2276 etwa) nicht eingehalten sind, kommt es darauf an, ob über den **Vollzug im Sinne des § 2301 II** die Vorschriften über die Schenkung unter Lebenden zur Anwendung kommen. Dann wird die mangelnde Form wieder über § 518 II geheilt. Vollzug nach § 2301 II ist gegeben, wenn noch der Erblasser und nicht die Erben das Vermögensopfer bringen. Nach h.L. genügt es, dass der Erblasser zu Lebzeiten **alles Erforderliche für den Eigentumsübergang getan** hat. Dies ist wohl auch dann zu bejahen, wenn ein Mittler unwiderruflich beauftragt wurde oder zumindest die Willenserklärung nicht vom Erben widerrufen wurde (sehr strittig). Nach Ansicht der Rechtsprechung muss dagegen zu Lebzeiten bereits ein Vermögensopfer erbracht worden sein, woran es hier fehlt. Je nachdem, welcher Ansicht sie folgen, ist eine Heilung erfolgt oder nicht und damit ein **Anspruch aus § 812 I S. 1 Alt. 1 abzulehnen/zu bejahen**.

---

hemmer-Methode: Den Bonifatiusfall müssen Sie als Klassiker kennen (RGZ 83, 223). Lesenswert ist auch die sehr kritische Darstellung von MARTINEK in JuS 1994, 473 ff. und 564 ff.!

I. Schenkung
Bonifatiusfall

SchR-BT II
Karte 7

Das problematische Zusammenspiel von §§ 516 ff. mit § 2301 lässt sich im Schwierigkeitsgrad noch steigern, indem ein Dritter als Mittelsperson zwischen Schenker und Beschenktem in die Klausur eingebaut wird. Es ergeben sich Fragen aus dem Bereich der Willenserklärung und des Besitzes. Bei einem möglichen Herausgabeanspruch ist das Abstraktionsprinzip zu beachten.

Ein bekannter Klassiker ist der vom Reichsgericht im Jahr 1913 entschiedene sog. „Bonifatius-Fall".

Priester P übergibt kurz vor seinem Tod dem A Wertpapiere mit dem Auftrag, sie dem Bischof des Bonifatiusvereins B zu übergeben. A übergibt die Wertpapiere, allerdings erst einige Tage nach dem Tod des P. Der Erbe E des P verlangt von dem Bonifatiusverein die Wertpapiere heraus.

Hat er Aussicht auf Erfolg?

1. Löst man den Fall nur mit Blick auf die §§ 516 ff., so ergibt sich folgendes Bild: E und F haben einen Schenkungsvertrag geschlossen, der unter einem **Formmangel** leidet, **§ 518 I S. 1**. Gleichzeitig haben sie jedoch nach Auslegung auf der dinglichen Ebene einen Abtretungsvertrag aufschiebend bedingt durch den Tod des E nach §§ 398 ff., 158 I i.V.m. §§ 488 I S. 2, 700 I S. 1 geschlossen. Die Bestimmbarkeit der Forderung des E gegen die Bank genügt dabei. **Mit dem bedingten Vollzug würde der Formmangel nach § 518 II geheilt (vgl. KK 4).** Das Rechtsgeschäft wäre also gültig.

2. Allerdings enthält das Erbrecht mit **§ 2301** eine Regelung, die die sog. **Schenkung von Todes wegen** strengeren Form- und Heilungsvorschriften unterwirft (§§ 2301 I S. 1 i.V.m. 2276 bzw. § 2301 II). Der Unterschied zwischen § 518 II und § 2301 II besteht darin, dass bei Ersterem die Heilung auch noch nach dem Tod des Versprechenden erfolgen kann, während bei § 2301 II eine Leistung nach dem Tod nie mehr zur Heilung führen kann. Diese Auslegung des § 2301 II ergibt sich aus dem Wortlaut („Vollzieht **der Schenker**" ...) und seinem Zweck: Erfolgt nämlich die Leistung erst nach dem Tod des Schenkenden, so bringen bei wirtschaftlicher Betrachtungsweise die Erben das Vermögensopfer. Es ist deshalb sinnvoll, über § 2301 I die erbrechtlichen Formvorschriften zur Anwendung zu bringen, um diese nicht auszuhöhlen.

3. Es ist deshalb klar, dass sich über das Abgrenzungskriterium des „Vollzugs" im Sinne von **§ 2301 II** steuern lässt, ob noch eine Schenkung unter Lebenden nach §§ 516 ff. vorliegt oder eine Schenkung von Todes wegen. Erwartungsgemäß **herrscht über die genaue Definition des „Vollzugs" Streit**. Dass der vollständige Leistungserfolg vor dem Tod des Schenkenden eingetreten ist, kann nicht gemeint sein, da die Heilung ja schon zu Lebzeiten eintreten muss (vgl. 2.) und bei einem Vollzug zu Lebzeiten des Schenkers schon eine Schenkung unter Lebenden vorliegen würde. Nach Ansicht der **Lit.** genügt es, wenn der **Erblasser zu Lebzeiten alles Erforderliche getan hat, sodass auch ohne sein weiteres Zutun der Leistungserfolg eintreten kann**, z.B. eine unwiderrufliche Vollmacht erteilen (sog. *subjektive Theorie*). Nach Ansicht des BGH genügt dies nicht. Vielmehr sei für einen Vollzug i.S.d. § 2301 II erforderlich, dass der Schenker zu Lebzeiten ein Vermögensopfer erbringt, der Beschenkte also schon etwas, z.B. ein Anwartschaftsrecht, erlangt hat (sog. *objektive Theorie*).

Lösung des Falles: Im vorliegenden Fall ist zugunsten des F Vollzug eingetreten, da die Verfügung (Abtretung) aufschiebend bedingt durch den Tod des Erblassers erfolgt ist, §§ 398 ff., 158 I.

---

hemmer-Methode: Sie müssen den Streit um § 2301 II nicht auswendig wissen. Es reicht, wenn Sie wissen, dass ein Problem vorliegt. Entwickeln Sie dann Extrempositionen, um schließlich bei der goldenen Mitte zu landen.

I. Schenkung

Schenkung auf den Todesfall

SchR-BT II
Karte 6

> Die schuldrechtlichen Vorschriften über die Schenkung werden durch Vorschriften des Erbrechts modifiziert, vgl. § 2301. Die sog. Schenkung von Todes wegen setzt erstens eine Schenkung (Unentgeltlichkeit!) und zweitens eine Überlebensbedingung voraus.

Der schwer kranke E teilt auf dem Totenbett seinem Freund F mit, dass dieser nach seinem Ableben alle Ersparnisse von seinem Sparbuch erhalten soll, da die eigenen Familienangehörigen ihn schmählich allein gelassen hätten. F stimmt dem begeistert zu.

Welche Besonderheiten sind hier zu beachten?

Juristisches Repetitorium
examenstypisch • anspruchsvoll • umfassend **hemmer**

1. Die Eltern könnten auch **ohne direkte Mitwirkung ihres Sohnes** einen Vertrag mit ihm abschließen, **wenn sie Vertretungsmacht** haben und das **Gesetz dem Selbstkontrahieren nicht entgegensteht. Nach §§ 1626 I, 1629 I S. 2 Alt. 1 vertreten die Eltern den Minderjährigen gemeinschaftlich.** Bei der Schenkung von Grundstücken ist nicht nur die gemäß § 518 I erforderliche notarielle Beurkundung der Schenkungserklärung zu beachten. Vielmehr bedarf der gesamte Vertrag gemäß §§ 311b I, 4 III WEG der notariellen Beurkundung. Bei Grundstücksgeschäften geht § 311b I daher dem § 518 I vor

Fraglich ist aber, ob nicht §§ 1629 II S. 1, 1795 II, 181 das Insichgeschäft der Eltern verbieten: Eine gesetzliche Gestattung scheidet wegen §§ 1629 II S. 1, 1795 II gerade aus, die Erfüllung einer Verbindlichkeit der Eltern kommt nicht in Betracht. Allerdings erfährt **§ 181 eine teleologische Einschränkung, wenn das Insichgeschäft dem Vertretenen lediglich einen rechtlichen Vorteil bringt.** Ein Interessenkonflikt ist dann nicht denkbar. Auf der **schuldrechtlichen** Ebene bringt eine **reine Schenkung dem Minderjährigen nur Rechte, jedoch keine Pflichten**. Es entsteht nur ein Anspruch auf Auflassung und Eintragung. Anders wäre es z.B. bei einer Schenkung unter Auflage, §§ 525 ff., da den Minderjährigen hier die persönliche Verpflichtung zur Vollziehung der Auflage träfe. **Notarielle Beurkundung vorausgesetzt**, könnten die Eltern dem A das Wohnungseigentum also **schenken.**

2. Auch dem **dinglichen** Eigentumserwerb nach §§ 873 I, 925 i.V.m. § 4 I, II WEG stehen grundsätzlich §§ 1629 II S. 1, 1795 II, 181 nicht entgegen, weil die gesetzliche Ausnahme der Erfüllung einer Verbindlichkeit einzugreifen scheint, da mit der wirksamen Schenkung eine Verpflichtung der Eltern begründet wurde.

a) Die Eltern könnten durch diesen Mechanismus eine Schenkung also auch dann vollziehen, wenn das dingliche Erfüllungsgeschäft für den Minderjährigen **rechtlich nachteilig** ist. Bei der Schenkung von Wohnungseigentum ist das der Fall, da die Verpflichtungen nicht auf den Wert der Wohnung beschränkt sind. So treffen den Erwerber auch Instandhaltungspflichten, vgl. § 16 II WEG; es handelt sich um ein sog. *„Danaergeschenk" bzw. ein „trojanisches Pferd".*

b) Hier ist der Minderjährigenschutz dadurch gewährleistet, dass § 181 nur dann zur Erfüllung der Verbindlichkeit in Betracht kommt, wenn die Erfüllung lediglich rechtlich vorteilhaft ist (teleologische Reduktion). Da dies vorliegend nicht der Fall ist (s.o.), können die Eltern das Kind bei Vornahme des dinglichen Geschäfts nicht vertreten, vgl. BGH, Life&Law 2011, 135 f.

---

hemmer-Methode: Früher hat der BGH hier mit der sog. Gesamtbetrachtungslehre gearbeitet. Danach war der Schenkungsvertrag nur wirksam, wenn auch das dingliche Geschäft keine rechtlichen Nachteile bereithielt. Der BGH hat sich von diesem Ansatz gelöst. Insbesondere wurde ihm stets vorgeworfen, gegen das Trennungsprinzip zu verstoßen.

I. Schenkung

Schenkung an Minderjährige

SchR-BT II
Karte 5

Das Thema Minderjährigkeit taucht im Examen sehr oft auf, weil sich dadurch viele Sonderprobleme ergeben, die Spielraum für die Notendifferenzierung eröffnen. Leitendes Prinzip ist immer der Minderjährigenschutz. Denken Sie nur an die Fragen im Zusammenhang mit §§ 818 IV, 819 I (Bösgläubigkeit) und § 935 I (Abhandenkommen), sowie das Problem der Wirksamkeit von Verfügungen über fremde Sachen (neutrales Geschäft). Ein besonderer Schwerpunkt liegt auf dem Abstraktionsprinzip: Das dingliche Geschäft ist oft wirksam, soweit an den Minderjährigen geleistet wird, während das schuldrechtliche Geschäft meist unwirksam ist. Bei der Schenkung von Eltern an ihre minderjährigen Kinder kommen Probleme der Vertretung hinzu.

Die Eltern des achtjährigen A wollen ihrem Sohn Wohnungseigentum schenkweise übereignen. Zum Notartermin können sie A nicht mitnehmen, da er zu dieser Zeit noch in der Schule ist. Können die Eltern als Vertreter ihres Sohnes agieren?

Wo liegen die Probleme bei diesem Rechtsgeschäft?

Juristisches Repetitorium
examenstypisch • anspruchsvoll • umfassend **hemmer**

1. A kann dem B das Gemälde einfach (in einem Akt mit der dinglichen Einigung) übergeben, §§ 929 ff. Auf schuldrechtlicher Ebene liegt dann eine sogenannte **Handschenkung** vor, wenn beide einig sind über die Unentgeltlichkeit. Die sachenrechtliche Übereignung fällt also zusammen mit dem zugrunde liegenden Kausalgeschäft der Schenkung.

Nach h.M. unterliegt die Handschenkung nicht der Formvorschrift des § 518, ist also kein Anwendungsfall von § 518 II. Die Ansicht, die § 518 II anwendet, unterscheidet sich im Ergebnis jedoch nicht. Es handelt sich um einen akademischen Streit.

2. Wenn A dem B das Gemälde **nicht sofort verschaffen kann oder will**, er sich aber schon jetzt **vertraglich zur Schenkung verpflichten** will, muss die **Form des § 518 I S. 1** eingehalten werden: **notarielle Beurkundung**.

Beachten Sie dabei, dass nur das Schenkungsversprechen, also das **Angebot, der Form entsprechen muss, nicht dagegen die Annahme**. Ziehen Sie gleich eine Parallele zu § 766, der in ähnlicher Weise nur die Bürgschaftserklärung der Formvorschrift unterwirft. Beachten Sie zweitens, dass § 128 bei § 518 I S. 1 gerade nicht gilt, denn § 128 setzt voraus, dass der ganze (!) Vertrag der notariellen Beurkundung bedarf.

3. Unter Bewirkung i.S.d. § 518 II wird Erfüllung i.S.d. § 362 verstanden.

Allerdings wird nicht der Eintritt des Leistungserfolgs verlangt, sondern es genügt, wenn der Schenker alles getan hat, was er für den Vollzug tun muss, sodass auch ein bedingter Vollzug, also z.B. eine bedingte Abtretung, genügt (BGH NJW-RR 1989, 1282).

Bei Sachen ist die Verschaffung des Anwartschaftsrechts ausreichend, da der Eigentumserwerb später ohne Zutun des Schenkers eintritt (str.); vgl. auch PALANDT § 518, Rn. 9 ff. [13].

---

hemmer-Methode: Eine Besonderheit enthält § 518 I S. 2: Die schriftliche Erteilung eines abstrakten Schuldversprechens nach §§ 311 I, 241 in der Form der §§ 780, 781 (mit grundsätzlich einfacher Schriftform) wäre eigentlich schon Vollzug der Schenkung, § 518 II. Um zu verhindern, dass die Warnfunktion der notariellen Beurkundung bei der Schenkung überspielt wird, unterwirft § 518 I S. 2 auch das Schuldversprechen dieser Form.

I. Schenkung
Formfragen

SchR-BT II
Karte 4

> Ein beliebtes Thema in Klausuren sind Formfragen. Gehen Sie dabei gedanklich die Prüfungsreihenfolge durch: 1. Form erforderlich? 2. Form beachtet? 3. Heilung? 4. Überwindung der Nichtigkeit ausnahmsweise nach § 242? Die einschlägige Vorschrift bei der Schenkung ist § 518, der einige Fallen enthält.

1. A möchte dem B ein wertvolles Gemälde schenken. Er fragt Sie, ob er dabei etwas Besonderes beachten muss.
2. Welche Möglichkeiten hat er?
3. Wann ist, allgemein formuliert, die Bewirkung bzw. der Vollzug der Schenkung im Sinne von § 518 II gegeben?

1. Begriff der gemischten Schenkung und Abgrenzungen

Das objektive Missverhältnis zwischen Leistung und Gegenleistung allein reicht nicht, um eine Schenkung anzunehmen. Es ist aber oft ein ausreichendes Indiz für die Einigung über die Unentgeltlichkeit, die erforderlich ist. Ein bloßer Preisnachlass genügt deshalb weder objektiv noch subjektiv. Eine gemischte Schenkung ist ein einheitlicher Vertrag, bei dem der Wert der Leistung des einen dem Wert der Leistung des anderen nur zum Teil entspricht, die Vertragspartner dies wissen und übereinstimmend wollen, dass der überschießende Wert unentgeltlich gegeben wird (BGH, Life&Law 2012, 260 ff. – wobei der objektive Wert der Zuwendung nicht zwingend doppelt so hoch sein muss wie die Gegenleistung). So liegt es hier. Ist die Leistung dagegen teilbar, so bestehen zwei unabhängige Verträge (z.B. Kauf und Schenkung), die jeweils ihren eigenen Regeln folgen.

2. Behandlung der gemischten Schenkung

- Nach der *Trennungstheorie* des RG soll das (eigentlich einheitliche) Rechtsgeschäft in einen entgeltlichen (Kauf) und einen unentgeltlichen Teil aufgespalten werden. Ein möglicher Widerruf nach §§ 530 ff. kann nur hinsichtlich des unentgeltlichen Teils erfolgen. Es erfolgt dann eine wertmäßige Aufteilung, sodass der Schenker einen Geldanspruch in Höhe der Differenz zwischen Leistung und Gegenleistung erlangt.
- Die *Einheitstheorie* wendet dagegen die Vorschriften über Kauf und Schenkung kumulativ an. Bei Kollision entscheiden Vertragszweck und Parteiinteresse. Bei entsprechender Auslegung hat V also die Möglichkeit, die Stereoanlage Zug um Zug gegen Rückgabe der Gegenleistung herauszuverlangen, §§ 530 ff. Die Form des § 518 ist nur einzuhalten, wenn der Schenkungscharakter überwiegt.
- Der **BGH** entscheidet dagegen praktisch, indem er auf den Zweck des jeweiligen Rechtsgeschäftes abstellt (ähnlich die Zweckwürdigungstheorie). § 518 ist schon dann anwendbar, wenn nicht offenkundig der entgeltliche Charakter überwiegt. Die Rückforderungsrechte bei der Schenkung (§§ 527, 528, 530) beschränken sich grds. auf den unentgeltlichen Teil, es sei denn der Schenkungscharakter überwiegt. Auch bei der **Gewährleistung** lässt der BGH die **§§ 433 I S. 2, 434 ff. und die §§ 523 ff. parallel anwendbar** sein, je nachdem ob der entgeltliche oder der unentgeltliche Teil des Geschäftes betroffen ist und diese Regelung nach dem Parteiwillen angemessen erscheint.

> **hemmer-Methode:** Sie müssen sich nur entscheiden, wenn es um die Form, den Widerruf oder die Sekundäransprüche geht. Sie können keinen Fehler machen; es gibt keine allein richtige Lösung. Gefragt ist Argumentation.

I. Schenkung
Gemischte Schenkung

SchR-BT II
Karte 3

> Aufgrund der Privatautonomie können die Parteien nicht nur die im BGB vorgesehenen Verträge schließen, sondern auch gemischte Verträge, die sich aus verschiedenen Elementen zusammensetzen. Fraglich ist dann, welche Vorschriften anzuwenden sind. Dieses Problem setzt sich im Rahmen der §§ 516 ff. mit der „gemischten Schenkung" fort. Hier wird ein Vertrag mit unentgeltlichen und entgeltlichen Elementen vereinbart.
> Beispiel: V verkauft seinem Freund M eine Stereoanlage für 2.000 €, obwohl beide wissen, dass ihr tatsächlicher Wert 6.000 € beträgt.

Ist dieses Rechtsgeschäft ein Kauf, eine Schenkung oder etwas anderes? Ist eine Form einzuhalten? Nach welchen Vorschriften haftet V, falls die Stereoanlage einen Mangel aufweist?

Kann V sie seinerseits herausverlangen, wenn M ihn permanent wüst beschimpft?

Juristisches Repetitorium
examenstypisch · anspruchsvoll · umfassend **hemmer**

1. Die erste Möglichkeit für A besteht darin, mit B einen **Vertrag nach §§ 311 I, 241** zu schließen, bei dem er sich zur Zahlung einer bestimmten Summe und B sich im Gegenzug dazu verpflichtet, das Klavierspielen im festgesetzten Zeitraum zu unterlassen.

Bei dieser Gestaltung bedingen sich **Leistung und Gegenleistung** (synallagmatische Verknüpfung). Es handelt sich daher **nicht um eine Schenkung, da es an der Unentgeltlichkeit fehlt**.

2. A könnte sich aber auch dazu **verpflichten**, dem B eine **bestimmte Summe zu zahlen unter der Bedingung** (§ 158), dass dieser das Klavierspielen unterlässt.

Hier besteht keine synallagmatische, sondern **nur eine konditionelle Verknüpfung**, wenn zusätzlich zu der Bedingung mit der Leistung gerade die Gegenleistung erstrebt wird (finale Bindung). Die Gegenleistung kann zwar nicht verlangt werden, sie wird aber zur Wirksamkeitsbedingung für die eigene Leistung gemacht (Beispiel: Auslobung). Auch hier liegt **keine Schenkung** vor, da auch diese Art der **Verknüpfung die Entgeltlichkeit der Abrede zur Folge** hat. Erfüllt B die Bedingung nicht, kann A zwar nicht die Gegenleistung verlangen, jedoch die entsprechende Summe nach § 812 I S. 2 Alt.1 herausverlangen.

3. Unentgeltlichkeit scheidet schließlich aus, wenn die **Leistung** des A den erkennbaren **Zweck verfolgt, den B zum Unterlassen des Klavierspielens zu veranlassen** (kausale Verknüpfung). Dieses Verhalten wird nämlich als Gegenleistung für die eigene Leistung erwartet. Die Gegenleistung ist hier nicht Wirksamkeitsbedingung, sondern nur Geschäftsgrundlage für die eigene Leistung.

Schwierig ist dann die Abgrenzung zu einer sog. *Zweckschenkung*, bei der der Leistende den Empfänger zwar ebenfalls zu einem bestimmten Verhalten veranlassen will (was dem Empfänger auch erkennbar ist), dieses aber nicht unmittelbar als Gegenleistung erwartet. Zur Rückabwicklung dient hier § 812 I S. 2 Alt. 2.

Davon abzugrenzen ist wiederum die **belohnende Schenkung**. Hier ist problematisch, ob die Leistung Gegenleistung für das bereits erbrachte ist oder nicht, vgl. dazu BGH, Life&Law 2009, 587 ff.

---

hemmer-Methode: Lernen Sie die Begriffe nicht auswendig. Außer bei dem „Soundwort" Zweckschenkung, das der Korrektor erwartet, ist es wichtiger, die unterschiedlichen Konstruktionen im Hinterkopf zu behalten, das entscheidende Problem herauszuarbeiten (Schenkung oder nicht) und schließlich das gefundene Ergebnis gut zu begründen.

I. Schenkung

Abgrenzungen

SchR-BT II
Karte 2

Sie wissen, dass die Gegenleistung, die die Unentgeltlichkeit der Zuwendung entfallen lässt, nicht unbedingt vermögensrechtlich sein muss. Es bleibt dann das Problem zu entscheiden, unter welchen Voraussetzungen eine (entgeltliche) Gegenleistung anzunehmen ist. Arbeiten Sie das Problem durch folgenden Fall heraus.

A wird durch das Klavierspiel des B, das dieser immer während der wohlverdienten Siesta des A beginnt, empfindlich gestört. A will B durch eine finanzielle Aufmerksamkeit dazu bewegen, das Klavierspiel ein wenig zu verlegen. Welche Möglichkeiten, abgestuft in der rechtlichen Bindung, stehen dem A offen?

Sind alle als Schenkung zu qualifizieren?

Juristisches Repetitorium
examenstypisch • anspruchsvoll • umfassend **hemmer**

1. Die Schenkung ist ein **einseitig verpflichtender Vertrag**, dessen Voraussetzungen aus objektiven und subjektiven Elementen bestehen:

- **Bereicherung des Empfängers durch**
- **eine Zuwendung aus dem Vermögen eines anderen;**
- **Einigung über die Unentgeltlichkeit** (subjektives Element)

2. Problematisch ist das Merkmal der **Unentgeltlichkeit**, die **nur vorliegt**, wenn die **Zuwendung unabhängig von einer Gegenleistung** geschieht. Dabei ist zu beachten, dass die Gegenleistung nicht geldwert oder auch nur vermögensrechtlich sein muss.

Liegt eine *Gegenleistung* vor, so handelt es sich um einen *gegenseitigen Vertrag im Sinne der §§ 320 ff.*

3. Die **Bestellung einer Sicherheit** (hier einer Bürgschaft nach § 765) **allein ist noch keine Schenkung im Innenverhältnis**, auch wenn sie eine fremde Schuld sichern soll. Eine Schenkung liegt **erst** dann vor, **wenn beide Vertragspartner sich über die Unentgeltlichkeit einig** sind. Bei der Bürgschaft bedeutet das, dass der Bürge auf seine Rückgriffsmöglichkeit gegenüber dem Schuldner (vgl. § 774) verzichten muss.

Bei einem Auftrag oder einer Geschäftsbesorgung besteht gem. § 670 (ggfs. i.V.m. § 675 I) ein Regressanspruch des in Anspruch genommenen Bürgen gegen den Hauptschuldner. Nur wenn auf diese Rückgriffsmöglichkeiten verzichtet wird, liegt die „Schenkung einer Bürgschaft" vor.

4. Gegenstand einer Schenkung können neben Sachen auch Forderungen sein. Auch ein Freistellungsanspruch kann geschenkt werden.

Beispiel: *Frau A lädt ihren Freund B in einem Lokal zum Abendessen ein. Hier wird dem B nicht das Essen geschenkt, sondern die Freistellung von B´s Verpflichtung, die Rechnung des Gastwirtes zu bezahlen (vgl. dazu 1. Staatsexamen in Bayern, Termin 2018-II, Aufgabe 1, **Life&Law 11/2018, 765 ff.**).*

---

hemmer-Methode: Beachten Sie also: Bei der „Unentgeltlichkeit" kommt es gerade nicht darauf an, dass Geld fließt, sondern entscheidend ist, ob eine Gegenleistung erfolgt.

I. Schenkung
Begriff und Voraussetzungen

SchR-BT II
Karte 1

> Der Begriff der Schenkung erscheint leichter als er tatsächlich ist. Entwickeln Sie aus dem Gesetzeswortlaut die Voraussetzungen einer Schenkung.

1. Unter welchen Voraussetzungen kann man von einer Schenkung sprechen?
2. Welches Merkmal ist problematisch?
3. Wäre es z.B. eine Schenkung, wenn sich A für seinen Freund B bei einer Bank verbürgt?

Juristisches Repetitorium
examenstypisch • anspruchsvoll • umfassend **hemmer**

Themenverzeichnis

SchR-BT II

C III

- 76 Verbundenes Geschäft
- 77 Auftrag/Aufwendungen
- 78 Ende des Auftrages
- 79 Geschäftsbesorgung
- 80 Raterteilung
- 81 GoA/Einleitung
- 82 Zahlung auf fremde Schuld
- 83 GoA und „unechte" Gesamtschuld
- 84 Fremdgeschäftsführungswille
- 85 Funkenflugfall
- 86 Vertrag mit Drittem
- 87 Abwicklung bei nichtigem Vertrag
- 88 Berechtigte GoA: Selbstmörderfall
- 89 Ersatz der aufgewendeten Arbeitskraft
- 90 Unberechtigte GoA: Trunkenheitsfahrt
- 91 Konkurrenzen
- 92 Eigengeschäftsführung
- 93 Verwahrungsvertrag
- 94 Verwahrungsvertrag
- 95 Unregelmäßiger Verwahrungsvertrag
- 96 Auslobung
- 97 Spiel und Wette

Juristisches Repetitorium
examenstypisch • anspruchsvoll • umfassend **hemmer**

Themenverzeichnis

SchR-BT II

C II

- 41 Rücktritt 2
- 42 Übersicht - Prozess
- 43 DienstV/Allgemeines
- 44 GewR - 1
- 45 GewR - 2
- 46 Beendigung
- 47 Schuldanerkenntnis/Abstrakt 1
- 48 Abstrakt 2
- 49 Deklaratorisch
- 50 Vergleich/Voraussetzungen
- 51 Novation
- 52 Irrtum
- 53 Bürgschaft/Einleitung
- 54 Grundsatz der strengen Akzessorietät
- 55 Abgrenzung zu Garantie und Schuldbeitritt
- 56 Form: Blankobürgschaft
- 57 Form: Einzelprobleme
- 58 Sittenwidrigkeit: Kindesbürgschaft
- 59 Sittenwidrigkeit: Ehegattenbürgschaft
- 60 Anfechtung des Bürgschaftsvertrags
- 61 Einrede der Vorausklage
- 62 Einreden der Anfechtbarkeit und Aufrechenbarkeit
- 63 Rücktritt
- 64 Übersicht/ Befreiungsanspr. des Bürgen
- 65 Regress: Zahlung auf verjährte Kaufpreisforderung
- 66 Regress: Wettlauf der Sicherungsgeber
- 67 Regress: Bürgschaft und Gesamtschuld
- 68 Ausgleich zwischen Mitbürgen
- 69 Urteilswirkung
- 70 Sonderformen der Bürgschaft
- 71 Haustürgeschäfte und Bürgschaften durch Verbraucher
- 72 Darlehen - Einleitung
- 73 Pflichten und Rücktritt
- 74 Vereinbarungsdarlehen
- 75 Wucherdarlehen

Juristisches Repetitorium
examenstypisch • anspruchsvoll • umfassend **hemmer**

Themenverzeichnis

SchR-BT II

C I

1. Begriff und Voraussetzungen der Schenkung
2. Abgrenzungen
3. Gemischte Schenkung
4. Formfragen
5. Schenkung an Mj
6. Schenkung auf den Todesfall
7. Bonifatiusfall
8. Sparbuchfall
9. Sparbuchfall (Graphik)
10. Kartoffelpülpe
11. Gewährleistungsrecht
12. Schenkung unter Auflage
13. Zweckschenkung
14. Unbenannte Zuwendung
15. Unbeständigkeit des Erwerbs
16. Grundsätzliches zur Miete
17. Form
18. Übersicht GewR
19. Abgrenzung zum Allgemeinen Schuldrecht
20. Mangelfolgeschaden
21. Minderung
22. Kündigung
23. Rechtsmangel
24. Unpässlichkeiten beim Mieter
25. Anfechtung
26. Pflichtverletzung des Mieters
27. GewR- Gesamtübersicht
28. Untermiete 1
29. Untermiete 2
30. Vermieterpfandrecht 1
31. Vermieterpfandrecht 2
32. Schönheitsreparaturen 1
33. Schönheitsreparaturen 2
34. Verwendungen
35. Voraussetzungen des Maklervertrages
36. Typische Probleme 1 (Form)
37. Typische Probleme 2 (Drittvertrag)
38. Abgrenzungen
39. Ausschluss der GewR
40. Rücktritt 1

Juristisches Repetitorium
examenstypisch • anspruchsvoll • umfassend **hemmer**

Inhaltsverzeichnis

XII.	Rat und Empfehlung	80
XIII.	Geschäftsführung ohne Auftrag	81
XIV.	Verwahrung	93
XV.	Auslobung	96
XVI.	Spiel und Wette	97

Inhaltsverzeichnis

SchR-BT II

B I

I.	Schenkung	1
II.	Miete	16
III.	Maklervertrag	35
IV.	Leasing	38
V.	Dienstvertrag	43
VI.	Schuldanerkenntnis	47
VII.	Vergleich	50
VIII.	Bürgschaft	53
IX.	Darlehen	72
X.	Auftrag	77
XI.	Entgeltliche Geschäftsbesorgung	79

Juristisches Repetitorium
examenstypisch • anspruchsvoll • umfassend **hemmer**

Vorwort

So lernen Sie, Ihre imaginären Gegner (Ersteller und Korrektor) besser einzuschätzen und letztlich so zu gewinnen.

Gehen Sie mit den Karteikarten spielerisch um. Setzen Sie sich nicht sofort unter Erfolgs- und Wissensdruck. Lesen Sie die Karten mehrfach, sortieren Sie nach und nach die richtig gelösten und inhaltlich bekannten Karteikarten aus. So können Sie den Kampf gegen das Vergessen für sich entscheiden.

Die lockere Variante: Es bietet sich auch an, in einer Arbeitsgemeinschaft die Karteikarten durchzugehen und so gerade fürs Mündliche zu üben. Auf diese Art wird der Spaßfaktor erhöht. Je höher die Motivation, umso besser dann die Ergebnisse.

Lernen Sie auch nicht zu easy, das Examen ist bekanntermaßen nicht gerade leicht. Wir sind für unser Anspruchsniveau bekannt. Den Anforderungen des Examens trägt das Karteikartenprogramm Rechnung. Reduzieren Sie so Ihre Angst vor dem Examen. Gehen Sie dann auch mit dem sicheren Gefühl ins Examen, sich richtig vorbereitet zu haben.

Gehen Sie nun ans Durcharbeiten der Karten. Sie werden sehen, es wird Ihnen Spaß machen. Für Resonanz sind wir dankbar.

Hemmer   Wüst

Juristisches Repetitorium
examenstypisch • anspruchsvoll • umfassend **hemmer**

Vorwort

Gewinnen Sie mit der hemmer-Methode:

Betrachten Sie Jura als ein Strategiespiel. Jura kann spielerisch erlernt werden. So macht der Lernprozess mehr Spaß! Es kommt vor allem auf den richtigen Gebrauch der Wörter an. Gute juristische Sprache kann trainiert werden.

Gerade Karteikarten bieten die Möglichkeit, vorbildhaft zu lernen. Knapp, präzise und zweckrational im Hinblick auf das Examen werden die wichtigsten examenstypischen Problemfelder vermittelt. Die Karteikarten sind auf anspruchsvollem Niveau. Umfassend werden die Spezifika der jeweiligen Rechtsgebiete aufbereitet und möglichst verständlich erklärt.

Jede Karteikarte ist logisch und durchdacht aufgebaut:

- Die **Einleitung** führt zur Fragestellung hin und verschafft Ihnen den Überblick über die Problemstellung.

- Die **Frage oder der zu lösende** Fall konkretisiert den jeweiligen Problemkreis.

- Die **Antwort** informiert umfassend und in prägnanter Sprache.

- Die **hemmer-Methode** ist ein modernes Lernsystem und erklärt letztlich, was und wie Sie zu lernen haben. Gleichzeitig wird background vermittelt. Die typischen Bewertungskategorien eines Korrektors werden miterklärt.

Juristisches Repetitorium
examenstypisch · anspruchsvoll · umfassend **hemmer**

Einleitung

XIII. Geschäftsführung ohne Auftrag

Die §§ 677 ff. regeln die Fälle, in denen jemand für einen anderen ein Geschäft führt, ohne von diesem dazu beauftragt oder sonst dazu berechtigt zu sein. Die tatsächliche Geschäftsübernahme stellt eine tatsächliche Handlung dar und nicht etwa eine rechtsgeschäftliche Willenserklärung.

Obwohl die Geschäftsführung ohne Auftrag (GoA) in Klausuren häufig eine Rolle spielt, besteht leicht die Gefahr, sie bei der Anspruchsprüfung zu übersehen. Dies kann wertvolle Punkte kosten. Um die GoA leichter in den Griff zu bekommen, müssen Sie sich erst einen Überblick verschaffen.

Welche verschiedenen Arten der GoA sind zu unterscheiden?

1. Zunächst ist zwischen der „echten" GoA gem. **§§ 677 - 686** und der **Eigengeschäftsführung nach § 687 zu differenzieren**. Eine „echte" GoA liegt nur dann vor, wenn der Geschäftsführer tatsächlich mit dem Willen handelt, ein Geschäft für einen anderen zu führen (= **Fremdgeschäftsführungswille**).

Zu unterscheiden ist dabei zwischen der berechtigten und der unberechtigten GoA.

a) Wenn die Geschäftsführung dem wirklichen bzw. **dem mutmaßlichen Willen des Geschäftsherrn (welcher aus dem obj. Interesse ermittelt wird)** entspricht, liegt eine berechtigte GoA vor. In diesem Fall kann der berechtigte Geschäftsführer nach §§ 677, 683, 670 Ersatz der Aufwendungen verlangen.

b) Andernfalls ist die GoA unberechtigt. Beim Anspruch auf Aufwendungsersatz trägt der Geschäftsführer die Gefahr der Entreicherung, §§ 684 S. 1, 812, 818 III.

2. Innerhalb der **Eigengeschäftsführung nach § 687**, bei welcher dem Geschäftsführer der **Fremdgeschäftsführungswille gerade fehlt**, ist zwischen den einzelnen Absätzen des § 687 zu differenzieren:

a) § 687 I regelt den Fall, dass der Geschäftsführer zwar ein **objektiv fremdes Geschäft** führt, ihm aber das **Bewusstsein fehlt**, dass es sich hierbei um ein solches handelt. Hierbei handelt es sich gerade um **keine GoA**, die §§ 677 ff. sind damit nicht anwendbar und auch eine Genehmigung des „Geschäftsherrn" nach § 684 S. 2 ist nicht mehr möglich. Es bleibt daher bei den **allgemeinen Ansprüchen nach §§ 987 ff., 812 ff., 823 ff.**

b) Bei der sog. „**angemaßten Eigengeschäftsführung" nach § 687 II** weiß der Geschäftsführer dagegen positiv, dass er ein **objektiv fremdes Geschäft führt und behandelt es dennoch vorsätzlich als eigenes**. Da der Geschäftsführer damit auch nicht schutzwürdig ist, kommen zusätzlich zu der allgemeinen Haftung nach §§ 987 ff., §§ 812 ff., §§ 823 ff. auch noch die Ansprüche des Geschäftsherrn aus berechtigter und unberechtigter GoA über § 687 II in Betracht.

hemmer-Methode: Sinn der Unterscheidung zwischen berechtigter und unberechtigter GoA ist es, demjenigen zu helfen, der sich hilfsbereit und uneigennützig fremder Angelegenheiten annimmt, und andererseits Schutz zu gewähren vor den Leuten, die sich besserwisserisch und ungebeten in die Angelegenheiten anderer Leute einmischen.

XIII. Geschäftsführung ohne Auftrag

Zahlung auf fremde Schuld

SchR-BT II
Karte 82

> Die echte (berechtigte als auch die unberechtigte) GoA hat folgende drei Voraussetzungen:
>
> **1.** Besorgung eines fremden Geschäfts
>
> **2.** mit Fremdgeschäftsführungswillen
>
> **3.** ohne Auftrag oder sonstige Berechtigung, d.h. keine Ermächtigung des GF durch irgendein Rechtsverhältnis, in einem fremden Rechts- und Interessenkreis tätig zu werden.
>
> Um welche Art der „echten" GoA es sich handelt, hängt dann lediglich noch von der Berechtigung zur Geschäftsführung ab: Hier ist auf den wirklichen bzw. den mutmaßlichen Willen des Geschäftsherrn abzustellen, vgl. § 683 mit § 684.

1. **O zahlt im April 2017 bei Kaufmann V die Schuld seines Neffen N aus einem Kaufvertrag mit V aus dem Jahre 2015, ohne dass N etwas davon weiß. Kann O von N die an V gezahlte Summe herausverlangen?**

2. **Was ist, wenn N sich weigert und O schließlich im Februar 2019 Klage gegen N erhebt, in welcher sich N auf Verjährung beruft?**

Juristisches Repetitorium
examenstypisch • anspruchsvoll • umfassend **hemmer**

1. Anspruch aus §§ 677, 683 S. 1, 670 im Ausgangsfall

• O zahlt als **Dritter auf eine fremde Schuld**. Da gem. § 267 I i.V.m. § 362 I die Schuld erlischt, handelt es sich um die Besorgung eines **objektiv fremden Geschäfts**.

• Der nötige **Fremdgeschäftsführungswille** wird hier **vermutet**.

• Die Zahlung durch einen Dritten ist auch i.d.R. im Interesse des Schuldners N, da er dadurch zunächst erst einmal von seiner Verbindlichkeit befreit wird. Anders wäre es nur, wenn der Schuldner gegen die Forderungen Einreden gehabt hätte oder hätte aufrechnen können. Dies war hier aber laut Sachverhalt nicht der Fall. Damit entsprach die **Zahlung** zumindest dem **mutmaßlichen Willen des N** (ein wirklicher Wille war nicht feststellbar).

<u>Ergebnis:</u> O hat daher gegen N einen Anspruch aus §§ 677, 683 S. 1, 670 auf Ersatz der gezahlten Summe.

2. Fraglich ist in der Variante des Falls, ob der Anspruch aus §§ 677, 683 S. 1, 670 nicht bereits verjährt ist.

- Die getilgte **Kaufpreisschuld** wäre **gem. §§ 195, 199 I seit 01.01.2019 verjährt**. Fraglich ist, ob diese **Verjährungsfrist** nun auch **auf den Anspruch des O aus GoA** anzuwenden ist.

- Allerdings verjähren die Ansprüche aus GoA **grundsätzlich** nach der regelmäßigen Frist des **§ 195** und zwar auch dann, wenn die Geschäftsführung in der Tilgung einer kurzfristigeren Schuld besteht (vgl. Palandt, § 677, Rn. 15). Für eine **Analogie** besteht insoweit **kein Raum** und auch **kein Bedürfnis**: Dem Interesse des N als Geschäftsherrn vor einer unerwünschten Einmischung wird ja bereits durch **§ 683** Rechnung getragen.

- **Demnach wird N keinen Erfolg mit der Verjährungseinrede nach § 214 I haben. O wird mit seinem Zahlungsbegehren durchdringen.**

---

hemmer-Methode: Anders würde der Fall liegen, wenn es sich um eine unberechtigte GoA handeln würde: dann hätte O nur einen Anspruch aus §§ 684 S. 1, 812 ff. Ausnahmsweise ließe sich hierauf dann die kürzere Verjährungsfrist anwenden, da diese Verbindlichkeit dem N aufgezwungen wurde, obwohl dies nicht seinem Interesse oder mutmaßlichen Willen entsprach.

XIII. Geschäftsführung ohne Auftrag

GoA und „unechte" Gesamtschuld

SchR-BT II
Karte 83

Sind mehrere Personen verpflichtet eine Leistung zu erbringen und leistet schließlich einer von ihnen, stellt sich die Frage, ob der Leistende im Innenverhältnis nach den Regeln der GoA Rückgriff nehmen kann.

Bei der Gesamtschuld ist dies zu verneinen: Der Leistende führt schon gar kein fremdes Geschäft, da es lediglich zu einer Gläubigerauswechslung kommt. Der zuviel zahlende Gesamtschuldner kann bei den übrigen gem. § 426 I und II Regress nehmen.

Strittig sind die Fälle sog. „unechten" Gesamtschuld.

S verletzt das Kind K des V. V zahlt die Krankenhauskosten.

Kann er bei S bzw. bei K Regress nehmen?

1. Anspruch gegen S aus §§ 677, 683 S. 1, 670:

Die Zahlung der Krankenhauskosten stellt dann ein **(auch-) fremdes Geschäft** dar, wenn V durch seine Zahlung nicht nur seiner Pflicht zur elterlichen Sorge gem. § 1626 nachkam, sondern dadurch der S auch von seiner Verbindlichkeit gegenüber K befreit wurde. Da aber eine **Vorteilsanrechnung hier ausgeschlossen** ist (vgl. § 843 IV), wurde **S auch nicht von seiner Verbindlichkeit gegenüber dem K** (z.B. aus § 823 I) **befreit**. Es **fehlt an einem fremden Geschäft** (anders ist dies, wenn die fremde Schuld erlischt, vgl. KK 82).

2. Anspruch gegen S aus § 812 I S. 1 Alt. 2 (Rückgriffskondiktion):

Voraussetzung wäre zumindest, dass **S überhaupt etwas erlangt** hat, etwa die Befreiung von einer Verbindlichkeit. **Mangels Vorteilsanrechnung (§ 843 IV) scheidet dies aber aus.**

3. Anspruch gegen S aus § 426 I und II (zwei Anspruchsgrundlagen!):

Dieser Anspruch **setzt voraus**, dass es sich um eine **echte Gesamtschuld** handelt, d.h. es müsste Gleichstufigkeit gegeben sein. Dies ist aber gerade nicht der Fall, da S im Innenverhältnis als Schädiger allein verpflichtet sein soll, den Schaden zu tragen (Sound: keine wechselseitige Tilgungswirkung wegen § 843 IV).

4. Anspruch gegen K analog § 255 auf Abtretung von dessen Ansprüchen gegen S aus §§ 823 I, II BGB, 229 StGB:

a) Obwohl der V hier kein Schädiger ist, kommt man **nur über § 255** zu einem befriedigenden Ergebnis, da **V als Vater nicht schlechter stehen darf als ein Schädiger**. Seine Leistung ist praktisch als Vorschuss zu verstehen. So kann **V analog § 255** von seinem Kind die Abtretung der Ansprüche verlangen und nach der Abtretung gegen S vorgehen.

b) Nach a.A. soll § 242 gelten.

c) Vertretbar wäre auch eine Analogie zu § 1648.

> **hemmer-Methode:** Die Bezeichnung „unechte" Gesamtschuld meint eigentlich nur, dass gerade nicht die §§ 421 ff. einschlägig sind. Lesen Sie zu § 255 HEMMER/WÜST, Rückgriffsansprüche, Rn. 161 ff. und zur Gesamtschuld Hemmer/Wüst, Rückgriffsansprüche, Rn. 178 ff.

XIII. Geschäftsführung ohne Auftrag

Fremdgeschäftsführungswille

SchR-BT II
Karte 84

> Die „echte" GoA setzt voraus, dass der Geschäftsführer mit Fremdgeschäftsführungswillen gehandelt hat. Dadurch unterscheidet sie sich von der irrtümlichen und angemaßten Geschäftsführung nach § 687 I, II.

1. Erläutern Sie die Voraussetzungen für das Vorliegen eines Fremdgeschäftsführungswillens.

2. Wer muss das Vorliegen des Fremdgeschäftsführungswillens beweisen? Differenzieren Sie dabei zwischen neutralem, objektiv-fremdem und auch-fremdem Geschäft.

1. Zur Bejahung des **Fremdgeschäftsführungswillens** ist zum einen das **Bewusstsein erforderlich, tatsächlich ein fremdes Geschäft zu führen** (fehlt es, so liegt eine irrtümliche Eigengeschäftsführung gem. § 687 I vor) und **zum anderen der Wille, dieses auch für einen anderen zu tun** (bei der angemaßten Eigengeschäftsführung nach § 687 II fehlt es wiederum hieran).

Keine Voraussetzung ist es, dass dem Geschäftsführer genau die Person des Geschäftsherrn bekannt ist, da ihm gem. § 686 ein diesbezüglicher Irrtum nicht schadet. Wichtig ist lediglich, dass er weiß, dass er ein fremdes Geschäft führt.

2.

a) Um ein *objektiv-fremdes Geschäft* handelt es sich, wenn dieses **schon nach dem äußeren Erscheinungsbild nicht zum Rechts- und Interessenkreis des Geschäftsführers** gehört. Hier wird der **Fremdgeschäftsführungswille widerleglich (!) vermutet** (z.B. Bezahlung fremder Schuld; Veräußerung und Nutzung einer Sache: regelmäßig ein Geschäft des Eigentümers) ⇨ Widerlegung durch GH erforderlich.

b) Ein *objektiv neutrales Geschäft* kann dagegen jedermann vornehmen, ohne dass sich daraus direkt eine bestimmte Zugehörigkeit ergibt (z.B. Erwerb einer Sache). Zu einer Besorgung eines fremden Geschäfts wird es daher erst durch den Fremdgeschäftsführungswillen der tätigen Person, d.h. hier muss dieser positiv festgestellt werden und auch irgendwie äußerlich erkennbar sein ⇨ Beweis seitens des GF erforderlich.

c) Nicht so einfach gestaltet sich die Frage des **Fremdgeschäftsführungswillens bei *auch-fremden Geschäften*,** d.h. wenn die **Übernahme des Geschäfts sowohl im eigenen als auch im fremden Interesse** liegt. Grundsätzlich wird er zwar **auch hier vermutet**. *In Einzelfällen* kann das allerdings *problematisch* sein und zwar bei Tätigwerden aufgrund spezieller öffentlich-rechtlicher Vorschriften, aufgrund Vertrages mit einem Dritten oder aufgrund nichtigen Vertrages.

---

hemmer-Methode: Die Unterscheidung zwischen objektiv-fremdem, objektiv neutralem und auch-fremdem Geschäft ist nicht nur i.R.d. Fremdgeschäftsführungswillens von Bedeutung, sondern auch bei § 687 I und II. Beide setzen nämlich jeweils ein objektiv (!) fremdes Geschäft voraus, vgl. auch Basics ZivilR, Band 2, Rn. 47 ff.

Bearbeiten Sie im Zusammenhang mit den folgenden Karteikarten auch den Aufsatz von Tyroller, *Das Verhältnis der GoA beim „auch fremden Geschäft" zu anderen Anspruchsgrundlagen*, Life&Law 03/2013, 214 ff.

XIII. Geschäftsführung ohne Auftrag

Funkenflugfall

SchR-BT II
Karte 85

> Grundsätzlich prüfen Sie zuerst die Besorgung eines fremden Geschäfts, um dann eventuell einen Fremdgeschäftsführungswillen bejahen zu können.

Die Feuerwehr der Gemeinde G löscht einen Waldbrand, der durch den Funkenflug aus der vorbeifahrenden Dampflokomotive der Deutschen Bahn AG verursacht wurde.

Kann G von der Deutschen Bahn AG Ersatz für ihre Auslagen verlangen?

Juristisches Repetitorium
examenstypisch • anspruchsvoll • umfassend **hemmer**

Anspruch aus §§ 677, 683 S. 1, 670

1. Gem. **§ 1 I S. 1 HaftPflG** (Schönfelder Nr. 33) wäre die Deutsche Bahn AG **zum Ersatz des Brandschadens verpflichtet** gewesen, so dass daraus zu schließen ist, dass **G im Interessenkreis der** Deutschen Bahn AG **tätig wurde**. **Allerdings** war die Feuerwehr der Gemeinde selbst **ebenso aufgrund öffentlich-rechtlicher Vorschriften zum Einschreiten verpflichtet**, es liegt also ein **auch-fremdes Geschäft** vor.

2. Grds. ist auch in so einem Fall der **Fremdgeschäftsführungswille zu vermuten**. Fraglich ist aber, ob vorliegend nicht etwas anderes gelten muss.

- So wird angeführt, dass es sonst zu einer erheblichen Ausuferung der Haftung komme: Die Deutsche Bahn AG müsste wegen § 670 (über den nach Bejahung der Erforderlichkeit auch nutzlose Aufwendungen ersetzt werden) nämlich auch dann zahlen, wenn der Wald trotz des Löschversuchs abgebrannt wäre, und das obwohl sie u.U. gem. § 10 I HaftPflG nur ziffernmäßig beschränkt haftet. Zudem hält das öffentliche Recht für die Kosten hoheitlicher Maßnahmen spezielle Regelungen wie das Kostengesetz parat. Zum Schließen eventueller Lücken könne dann nicht einfach die GoA herangezogen werden.
- Dennoch ist fraglich, wieso man diesen Fall nur aufgrund öffentlich-rechtlicher Vorschriften anders behandeln soll.
- Es bleibt somit bei der Vermutung des Fremdgeschäftsführungswillens (a.A. sehr gut vertretbar).

3. Die Feuerwehr hat auch **ohne speziellen Auftrag oder eine sonstige Berechtigung** gehandelt.

4. Die **Geschäftsübernahme entsprach** darüber hinaus auch dem **Interesse und mutmaßlichen Willen der** Deutschen Bahn AG.

Ergebnis: Ein **Anspruch ist damit gegeben.**

---

hemmer-Methode: Beim rein fremden und beim objektiv-fremden Geschäft werden Fremdheit des Geschäfts und Fremdgeschäftsführungswille getrennt geprüft (s.o.). Eine Ausnahme gilt beim objektiv neutralen Geschäft. Hier hat die Prüfung in einem zu erfolgen, da durch den Fremdgeschäftsführungswillen das vorher neutrale erst zum fremden Geschäft wird (sog. subj.-fremdes Geschäft).

XIII. Geschäftsführung ohne Auftrag

Vertrag mit Drittem

SchR-BT II
Karte 86

Ein Anspruch aus GoA wird auch diskutiert, wenn jemand aufgrund eines Vertrages mit einem Dritten in der Angelegenheit eines anderen, nämlich des vermeintlichen „Geschäftsherrn" tätig wird. Typischer Fall ist zum Beispiel, wenn die Polizei durch Werkvertrag einen Abschleppunternehmer verpflichtet, ein verbotswidrig geparktes Auto abzuschleppen. Die Frage ist dann, ob der Abschleppunternehmer auch von dem Halter des Fahrzeugs Ersatz verlangen kann.

Warum könnte im obigen Beispiel die Annahme eines Fremdgeschäftsführungswillen und damit einer GoA problematisch sein.

Zunächst handelt es sich hier **trotz des Vertrages mit einem Dritten, um ein (auch-) fremdes Geschäft**, da der Rechtskreis des Dritten (Halter des Autos) betroffen ist. Damit könnte der Fremdgeschäftsführungswille vermutet werden.

Andererseits ist zu bedenken, dass es sinnwidrig ist, dem vermeintlichen Geschäftsführer (hier: Abschleppunternehmer) auch noch einen Anspruch gegen den „Geschäftsherrn" (hier: dem Halter) zu geben, da er schließlich schon Ersatz von dem Dritten erlangen kann und zwar aus Vertrag. Wollte der „Geschäftsführer" dagegen die Geschäftsbesorgung alleine an den Halter erbringen, dann soll er sich eben nur an diesen halten.

Ließe man beides zu, sähe man sich außerdem Abwicklungsschwierigkeiten ausgesetzt, die insbesondere darin bestünden, dass der Abschleppunternehmer zwei Schuldner hinsichtlich seines Lohnes hat, aber er auch seinerseits doppelt in Anspruch genommen werden könnte, wenn er mangelhaft leistet.

Aus diesem Grunde ist der **Fremdgeschäftsführungswille in der Regel abzulehnen**. Etwas **anderes** gilt nur, wenn in diesem Fall z.B. das **Auto an der besagten Stelle eine besondere Verkehrsgefährdung darstellte** und man dies als Indiz nehmen könnte, dass der **Abschleppunternehmer auch mit seiner Geschäftsbesorgung den Halter von seinem Haftungsrisiko befreien wollte** (Rückgriffsansprüche, Rn. 407).

---

hemmer-Methode: Unterscheiden Sie diesen Fall davon, dass ein Privater abschleppen lässt, weil seine Garage zugeparkt ist und dann von dem Halter Regress nehmen will über §§ 683 S. 1, 670 (es ist Sache des Halters sein Auto zu entfernen), vgl. dazu BGH, Life&Law 08/2009, 511 ff. Das Problem des Vertrages mit einem Dritten stellt sich hier gar nicht.

Eine andere Konstellation könnte so aussehen, dass der Halter das Auto beim Abschleppunternehmer gegen „Bares" abholt und nun von dem Privaten Regress über die GoA nehmen will. Dies ist aber abzulehnen, da die Zahlung einer fremden Vertragsschuld zwar ein fremdes Geschäft darstellt, aber der Halter selbst zu der Bezahlung der Rechnung aufgrund der §§ 823 I, 249 I BGB gegenüber dem „Auftraggeber" zur Freistellung von der Werklohnforderung und damit zur Zahlung an das Abschleppunternehmen _verpflichtet_ war. In diesem Fall stellt die Bezahlung einer fremden Schuld natürlich keine GoA dar.

XIII. Geschäftsführung ohne Auftrag

Abwicklung bei nichtigem Vertrag

SchR-BT II
Karte 87

Ein weiteres Beispiel für ein auch-fremdes Geschäft bei dem der Fremdgeschäftsführungswille problematisiert wird, ist das Tätigwerden aufgrund nichtigen Vertrages. Ein Lehrbuchbeispiel ist hierzu der „Wirtschaftsberaterfall":

Der Wirtschaftsberater GF vereinbart mit GH, dass er dessen Schulden regulieren soll. GF erreicht prompt bei den Gläubigern des GH erhebliche Schuldennachlässe. Als GF von GH Entgelt für seine Leistung verlangt, stellt sich heraus, dass der von GF und GH geschlossene Vertrag wegen Verstoßes gegen das Rechtsdienstleistungsgesetz (RDLG) nichtig ist.

Kann GF dennoch von GH etwas für seine Dienste verlangen?

1. Anspruch aus §§ 677, 683 S. 1, 670:

- Die **Regulierung fremder Schulden ist ein objektiv fremdes Geschäft**. Allerdings ist GH auch aufgrund des vermeintlich geschlossenen Vertrages tätig geworden. Somit wurde GF **sowohl im eigenen als auch im fremden Interesse tätig**, es liegt ein **auch-fremdes Geschäft** vor.
- Da der Vertrag nichtig war, handelte GF auch **ohne Auftrag oder sonstige Berechtigung**.
- Die Geschäftsübernahme **entsprach auch dem Interesse und dem mutmaßlichen Willen des GH**.
- **Fraglich** ist, wie es um den **Fremdgeschäftsführungswillen** bestellt ist.

    Die **Rspr. vermutet diesen auch hier, lässt den Anspruch dann aber letztlich an § 670 scheitern**, da GF seine Aufwendungen nicht für erforderlich halten durfte, da seine Tätigkeit durch das RDGL verboten war.

    Richtigerweise wird man aber darauf abstellen müssen, dass **GF eigentlich ausschließlich seine eigene Verpflichtung aus dem Vertrag erfüllen wollte. Damit käme gem. § 687 I eine GoA schon gar nicht in Frage**. Außerdem sind für die Rückabwicklung nichtiger Verträge allein die §§ 812 ff. heranzuziehen und nicht das Institut der GoA. Dies auch deshalb, da ansonsten die Einschränkungen der §§ 814, 815, 817 S. 2, 818 III umgangen werden könnten.

    Ein **Fremdgeschäftsführungswille ist damit abzulehnen, ein Anspruch aus GoA entfällt**.

2. Anspruch aus § 812 I S. 1 Alt. 1:

GH hat die **Dienstleistungen des GF durch dessen Leistung erlangt**, die wegen Nichtigkeit des geschlossenen Vertrages **gem. § 134 auch ohne Rechtsgrund** erfolgte.

Grundsätzlich hat GF damit gegen GH einen Anspruch auf Wertersatz gem. § 818 II (*evtl.* aber bei Einschlägigkeit des *§ 817 S. 2* ausgeschlossen, vom BGH offen gelassen).

---

hemmer-Methode: Entscheiden Sie sich in diesem Fall gegen die GoA. Die GoA soll nicht der Rückabwicklung fehlgeschlagener Verträge dienen. Punkten Sie, indem Sie den Wertungswiderspruch zu §§ 812 ff. aufzeigen.

XIII. Geschäftsführung ohne Auftrag

Berechtigte GoA: Selbstmörderfall

SchR-BT II
Karte 88

Eine berechtigte Geschäftsübernahme liegt vor, wenn sie

1. dem beachtlichen wirklichen Willen des Geschäftsherrn entspricht, § 683 S. 1 _**oder**_

2. bei nicht feststellbarem oder unbeachtlichem wirklichen Willen die Übernahme aber in dessen objektivem Interesse liegt (mutmaßlicher Wille) bzw. der Erfüllung einer im öffentlichen Interesse liegenden Pflicht oder einer gesetzlichen Unterhaltspflicht dient, §§ 683 S. 2, 679 _**oder**_

3. als zunächst unberechtigte GoA vom Geschäftsherrn nachträglich genehmigt wird, § 684 S. 2.

H springt mit Selbstmordabsicht in einen Fluss. F, der das sieht, springt hinterher und rettet H.

Kann F für seine wasserundichte und nun kaputte Uhr Ersatz aus GoA verlangen?

Anspruch aus §§ 677, 683 S. 1, 670:

1. Es könnte vorliegend zweifelhaft sein, ob tatsächlich ein fremdes Geschäft vorliegt, da F schließlich aufgrund § 323c StGB zur Hilfeleistung verpflichtet war und daher möglicherweise ein eigenes Geschäft führte. Andererseits fällt die Sorge um die eigene Person in den Rechtskreis des H. Somit nimmt **F zumindest ein auch-fremdes Geschäft** vor. Der **Fremdgeschäftsführungswille wird hierbei grds. vermutet**.

2. F handelte auch **ohne Auftrag oder eine sonstige Berechtigung**. Insbesondere begründet die Pflicht aus § 323c StGB keine solche Berechtigung, da sie nur gegenüber der Allgemeinheit besteht und nicht gegenüber H persönlich.

3. Fraglich könnte aber sein, ob es sich tatsächlich um eine **berechtigte GoA** handelt. Eine **nachträgliche Genehmigung (§ 684 S. 2) liegt zumindest nicht vor**.

a) Die Rettungsaktion entsprach zwar dem objektiven Interesse des H, sein wirklicher Wille ging aber dahin, sich umzubringen und eben nicht von F gerettet zu werden. Grds. hat beim Divergieren von objektivem Interesse und tatsächlichem Willen der wirkliche Wille Vorrang, und zwar auch dann, wenn dieser unvernünftig sein mag.

b) Möglicherweise ist hier aber eine Ausnahme von diesem Grundsatz zu machen und der tatsächliche Wille des H ist unbeachtlich. Eine direkte Anwendung des § 679 (i.V.m. § 683 S. 2) kommt nicht in Betracht, da es keine rechtliche Pflicht gibt, am Leben zu bleiben. Man kann aber den **Willen des Selbstmörders als sittenwidrig gem. § 138 ansehen und ihn dann analog § 679 als unbeachtlich erklären**.

Zum gleichen Ergebnis kommen die Ansichten, die §§ 134, 138 analog ohne Umweg über § 679 anwenden oder den geäußerten Willen des H gem. §§ 104 Nr. 2, 105 analog für unwirksam erklären, da der Selbstmörder sich in einem die freie Willensbildung ausschließenden Zustand befinde.

Bei der **kaputten Uhr** handelt es sich zwar nicht um eine Aufwendung, jedoch um einen **risikotypischen Schaden**, welcher ebenfalls nach § 670 (i.V.m. §§ 677, 683 S. 1 und S. 2, 679) **zu ersetzen ist**.

---

hemmer-Methode: Entscheidend für die Berechtigung der GoA ist, dass man sich gem. § 323c StGB ggfs. strafbar machen würde, wenn man in der Situation nicht versucht zu helfen. Nach dieser Wertung muss dann aber ein der Rettung entgegenstehender Wille unbeachtlich sein.

XIII. Geschäftsführung ohne Auftrag

Ersatz der aufgewendeten Arbeitskraft

SchR-BT II
Karte 89

Die Regeln der GoA beinhalten eine Haftungsmilderung: § 680 lässt demnach unter bestimmten Voraussetzungen den Geschäftsführer im Innenverhältnis zum Geschäftsherrn nur bei grober Fahrlässigkeit oder Vorsatz haften.

Auch im Hinblick darauf lässt sich der Fall des Selbstmörders noch etwas interessanter gestalten, indem man einen professionellen Helfer einschaltet:

Bei vorigem Beispiel (KK 88) kommt zufällig ein Arzt vorbei und versorgt den inzwischen bewusstlosen H „professionell".

1. **Kann er über GoA Ersatz für seine aufgewendete Arbeitskraft verlangen?**
2. **Haftet der Arzt, wenn ihm bei der Versorgung leicht fahrlässig ein Fehler unterläuft und dem H dadurch ein Schaden entsteht?**

Juristisches Repetitorium
examenstypisch • anspruchsvoll • umfassend **hemmer**

1. Anspruch aus §§ 677, 683, 670:

Es handelt sich hier um ein **auch-fremdes Geschäft**, bei dem der **Fremdgeschäftsführungswille vermutet** wird. Mangels Vertrag (H ist ja bewusstlos) liegt **keine Ermächtigung** vor. Die **Übernahme ist aber berechtigt**, da aus dem objektiven Interesse auf den **mutmaßlichen Willen** geschlossen werden darf.

Fraglich ist aber, ob die **Arbeitskraft als Aufwendung** ersetzt werden kann. Grundsätzlich ist dies **nicht** der Fall, da **§ 683 S. 1** auf das Auftragsrecht verweist und i.R.d. **§ 670** wegen der Unentgeltlichkeit des Auftrags kein Ersatz dafür geleistet werden muss. Anders entscheidet die **h.M.** aber, wenn die Tätigkeit zum Beruf oder Gewerbe des Geschäftsführers gehört, hier wird dann **in Analogie zu § 1835 III** eine Vergütung für die Arbeitskraft gewährt (vgl. auch § 1836 I S. 2).

Demnach kann A auch über §§ 677, 683, 670, 1835 III analog Ersatz für seine ärztliche Tätigkeit verlangen (lesen Sie in diesem Zusammenhang die Entscheidung des *OLG München, Life&Law 09/2006, 579 ff.* nach).

2. In der Abwandlung könnte sich ein **Anspruch des H aus §§ 280 I, 677 wegen Verletzung einer Pflicht aus der berechtigten GoA und aus § 823 I** ergeben.

Die jeweiligen **Anspruchsvoraussetzungen sind grundsätzlich alle gegeben** (in der Klausur natürlich getrennt und ausführlicher zu prüfen!). Eine **Haftung könnte jedoch entfallen, wenn die Haftungsmilderung des § 680** auch hier eingreifen würde. Eigentlich lägen die nötigen Tatsachen vor, um § 680 anzuwenden, allerdings ist zu beachten, dass es sich hier um einen **professionellen Nothelfer** handelt. Dieser bekommt ja **schon ein Entgelt analog § 1835 III**. Würde man zusätzlich noch die Haftungsmilderung des § 680 anwenden, stünde der professionelle Nothelfer besser als ein sonstiger beauftragter Arzt. Damit kommt es auch nicht auf die Frage an, ob § 680 überhaupt auf das Deliktsrecht anwendbar ist.

A haftet damit aus §§ 280 I, 677 i.V.m. berechtigter GoA und § 823 I.

---

hemmer-Methode: Machen Sie sich i.R.d. Frage nach der Berechtigung der Geschäftsübernahme noch einmal klar:
(1) Der tatsächliche Wille geht entgegen dem Wortlaut des § 683 S. 1 dem objektiven Interesse vor.
(2) Wenn ein tatsächlicher Wille nicht feststellbar oder unbeachtlich ist, ist auf den mutmaßlichen Willen abzustellen.
(3) Beim Fehlen besonderer Anhaltspunkte kann der mutmaßliche Wille aus dem objektiven Interesse geschlossen werden.
(4) Hält der Geschäftsführer den Willen des Geschäftsherrn irrtümlich für gegeben, so liegt dennoch unberechtigte GoA vor.

XIII. Geschäftsführung ohne Auftrag

Unberechtigte GoA: Trunkenheitsfahrt

SchR-BT II
Karte 90

> Bei der unberechtigten GoA handelt der Geschäftsführer rechtswidrig, was über die §§ 677 ff. zu einer erweiterten Haftung des unberechtigten Geschäftsführers führt. So haftet er über § 678 für jeden adäquat verursachten Schaden. Dies darf aber nicht mit dem Fall verwechselt werden, in dem die Übernahme berechtigt ist und der Geschäftsführer nur bei der Ausführung gegen Sorgfaltspflichten verstößt. Dann greifen die §§ 280 I, 677 wegen Pflichtverletzung der berechtigten GoA.

Nach seinem Wies´n-Besuch will H (3,8 $^o/_{oo}$) mit seinem Wagen nach Hause fahren. F (0,7 $^o/_{oo}$) will Schlimmeres verhindern und nimmt dem H deshalb die Schlüssel weg, drängt ihn zur Seite und fährt seinerseits den Wagen. Dabei kommt es infolge leichter Unachtsamkeit des F zu einem Unfall.

Kann H von F Schadensersatz verlangen?

1. Anspruch aus § 678:

F führte **objektiv und subjektiv eine fremdes Geschäft ohne Ermächtigung**.

Fraglich ist aber, ob es sich um eine berechtigte GoA handelt, dann müsste F nämlich mit der Geschäftsübernahme dem Interesse und dem Willen des H entsprochen haben. Unberechtigt handelte F nicht schon deshalb, weil er entgegen dem Willen des H handelte, da dieser wegen § 679 bzw. § 105 II analog aufgrund der starken Trunkenheit unbeachtlich ist.

Demnach ist auf das **objektive Interesse** abzustellen, das ein Indiz für den mutmaßlichen Willen hergibt: Dies ist aber gerade abzulehnen, da es weder im Interesse noch im Willen des H liegen kann, von jemandem gefahren zu werden, der (ebenfalls) angetrunken ist und eine Ordnungswidrigkeit (§ 24a StVG) begeht.

Subjektiv reicht schon leichte Fahrlässigkeit gem. § 276 II, wenn F bei der Übernahme erkennen konnte, dass diese gegen den Willen des H erfolgt, so dass es zu einer Haftung des F aus § 678 kommen könnte.

Hier ist allerdings zu beachten, dass **F nur zur Abwehr einer drohenden dringenden Gefahr handelte** und sich auch schnell zu einem Einschreiten entschließen musste und so zu einer selbstkritischen Prüfung gar nicht in der Lage war. Aus diesem Grund ist **§ 680 anzuwenden, womit eine Haftung aus § 678 entfällt (eine Bejahung von grober Fahrlässigkeit ist vertretbar)**.

2. Anspruch aus § 823 I:

F hat **fahrlässig das Eigentum des H verletzt und dadurch einen Schaden verursacht**. Eine Rechtfertigung (z.B. gem. § 228 oder § 904) scheidet aus.

Damit müsste F grds. aus § 823 I Schadensersatz leisten. Fraglich ist aber, ob nicht auch hier die **Haftungsmilderung des § 680 analog anzuwenden** ist. Dies ist, da die Haftungserleichterung des § 680 ansonsten leerliefe (Wertungswiderspruch!), auch zu bejahen.

Da F nur leicht fahrlässig handelte, scheidet auch ein Anspruch aus § 823 I aus.

---

hemmer-Methode: § 680 gilt sowohl bei unberechtigter Übernahme als auch bei fehlerhafter Ausführung und konkurrierenden Ansprüchen aus § 823.

Beachten Sie aber, dass § 680 nicht (!) angewendet werden kann, wenn ein Dritter infolge der Geschäftsführung Schäden erleidet! *Das Haftungsprivileg gilt also nur im Innenverhältnis zwischen GF und GH!*

XIII. Geschäftsführung ohne Auftrag

Konkurrenzen

SchR-BT II
Karte 91

> Die berechtigte GoA kann auf die Anwendbarkeit anderer Anspruchsgrundlagen Einfluss haben und folglich mit ihnen in einem Konkurrenzverhältnis stehen. Dieser Umstand beeinflusst auch die Reihenfolge der Prüfung der verschiedenen Normen.

Zeigen Sie auf, in welchen wichtigen Fällen die berechtigte GoA in Konkurrenz zu anderen Vorschriften steht und warum.

Was bedeutet das für Ihre Prüfungsreihenfolge?

Wie verhält es sich im Gegensatz dazu mit der unberechtigten GoA?

1. Bei <u>Vorliegen einer berechtigten GoA</u> sind nicht anwendbar:

- Die **§§ 987 ff., wenn** die Inbesitznahme mit der berechtigten Geschäftsübernahme zusammenfällt, da sie ein Besitzrecht i.S.d. § 986 darstellt. Dies gilt etwa dann, wenn Gegenstände des Geschäftsherrn in Besitz genommen werden, die zur Ausführung der Geschäftsführung erforderlich sind.

- Die **§§ 812 ff.**, da die berechtigte **GoA** einen Rechtsgrund i.S.d. § 812 gibt.

- Liegt eine **berechtigte Geschäftsübernahme** vor, so kommen auch **keine Ansprüche aus §§ 823 ff.** *wegen der Geschäftsübernahme* in Betracht, da die berechtigte GoA insofern einen **Rechtfertigungsgrund** darstellt, d.h. der Betreffende handelte nicht rechtswidrig.

    ⇨ Dies gilt allerdings **nicht, soweit es um die Ausführung geht:** hier haftet der Geschäftsführer ebenso wie ein Beauftragter nach § 823 I; allerdings ist auch hier an § 680 zu denken!

Aus diesen Ausführungen ergibt sich, dass es wegen der weitreichenden Auswirkungen der **berechtigten GoA** angebracht ist, diese **vor den Ansprüchen aus Bereicherungs- und Deliktsrecht zu prüfen.**

2. <u>Anders stellt es sich wiederum bei der **unberechtigten Geschäftsübernahme** dar:</u>

Sie ist **weder Rechtsgrund noch Rechtfertigungsgrund, somit sind die §§ 812 ff. und §§ 823 ff. neben ihr anwendbar. Einfluss auf die Prüfungsreihenfolge hat sie damit grundsätzlich nicht.**

Im Verhältnis des Eigentümers zum unrechtmäßigen Besitzer hält die **h.M.** die **§§ 987 ff.** dagegen für **Sonderregelungen, die damit der GoA als leges speciales vorgehen**. Dies hat zur Folge, dass die Ansprüche aus §§ 987 ff. vor einer unberechtigten GoA zu prüfen sind.

---

hemmer-Methode: Überlegen Sie sich auch noch einmal, welche anderen außerhalb des Deliktsrechts stehenden Haftungsmilderungsnormen auf die §§ 823 ff. Einfluss haben könnten.

XIII. Geschäftsführung ohne Auftrag

Eigengeschäftsführung

SchR-BT II
Karte 92

Während § 687 I durch den Irrtum des Geschäftsführers über die Fremdheit gekennzeichnet ist, steht i.R.d. § 687 II die vorsätzliche Verletzung fremder Rechte in eigennütziger Absicht im Vordergrund, wobei gem. § 142 II die positive Kenntnis von der Anfechtbarkeit insofern ausreicht.

---

1. Was sind die wesentlichen Vorteile des § 687 II S. 1 für den Geschäftsherrn gegenüber den Ansprüchen aus §§ 987 ff., §§ 812 ff., §§ 823 ff.?

2. Was meint der missverständliche § 687 II S. 2 und worin liegt seine Bedeutung?

Juristisches Repetitorium
examenstypisch · anspruchsvoll · umfassend **hemmer**

1. § 687 II hat zwei Vorteile:

- Zum einen kann der Geschäftsherr, da das von § 678 geforderte Übernahmeverschulden bei einer Geschäftsanmaßung regelmäßig gegeben sein wird, gem. §§ 687 II S. 1, 678 **für alle durch die angemaßte Geschäftsführung adäquat verursachten Schäden Schadensersatz verlangen. D.h. der Geschäftsführer muss auch für später eingetretene unverschuldete Folgen haften.**

- Zum anderen kann der **Geschäftsherr über §§ 687 II S. 1, 681 S. 2, 667 Alt. 2 auch den vom Geschäftsführer erzielten Gewinn herausverlangen, den er selbst nicht erlangt hätte.** Dieser käme ihm über die anderen Vorschriften nur bei Bejahung des § 816 I S. 1 zugute.

2. § 687 II S. 2 ist insoweit missglückt, als es so aussieht, als ob z.B. einmal der Geschäftsführer dem Geschäftsherrn gem. §§ 687 II S. 1, 681 S. 2, 667 Alt. 2 das Erlangte herauszugeben hat, um es dann über §§ 687 II S. 2, 684 S. 1 wieder zurückfordern zu können.

Dies kann aber nicht sein, vielmehr muss **der Geschäftsherr hier nur die Aufwendungen des Geschäftsführers bis zur Höhe der Bereicherung ersetzen** (meist nur ein Abzug von dem herauszugebenden Gewinn).

Diese Regelung bedeutet aber weiterhin, dass die **Ansprüche des Geschäftsführers von der Geltendmachung des § 687 II S. 1 durch den Geschäftsherrn abhängen:**

- **macht** dieser ihn **geltend**, hat der Geschäftsführer einen **Anspruch aus § 684 S. 1** (§ 818 III!)
- **macht** er ihn **nicht geltend**, so hat der Geschäftsführer **grundsätzlich überhaupt keinen Aufwendungsersatzanspruch, allenfalls aus § 994 für notwendige Verwendungen.** Ein weiterer Anspruch aus §§ 812 ff. ist ausgeschlossen, da die Wertung des § 687 II S. 2 darüber hinaus keinen Ersatz für Aufwendungen zulassen will.

---

hemmer-Methode: Es passiert leicht, dass man den Anspruch aus § 687 II übersieht, obwohl er für den Geschäftsherrn so günstig ist. Versuchen Sie deshalb, Ihr Gespür für diesen Themenkreis zu schärfen, so z.B. bei der Veräußerung einer gestohlenen Sache durch den Dieb.

XIV. Verwahrung

Verwahrungsvertrag

SchR-BT II
Karte 93

Über die Verwahrung einer beweglichen (!) Sache kann man einen hierauf gerichteten Vertrag nach den §§ 688 ff. schließen. Eine Pflicht zur Verwahrung kann sich aber andererseits auch als Nebenpflicht aus einem bereits bestehenden Rechtsverhältnis ergeben, so z.B. beim Fund (§ 966) oder bei einem auf Reparatur ausgerichteten Werkvertrag das zu reparierende Auto oder die Pflicht der Eltern zur Verwahrung der Papiere ihrer Kinder. Diesbezüglich gelten dann grds. die Regeln des entsprechenden Vertrages; die §§ 688 ff. können nur u.U. ergänzend herangezogen werden.

A will über den Winter bis zum 30.04. seinen Porsche auf dem bewachten Parkplatz des B für 100,- € monatlich unterstellen. Am 31.01. will A seinen Wagen abholen, da er ihn anderswo günstiger unterstellen kann.

Muss er dennoch bis zum 30.04. die vereinbarte Summe zahlen?

Für die Beantwortung der Frage, ob A bis zum 30.04. zahlen muss, kommt es darauf an, ob hier ein **Miet- oder ein Verwahrungsvertrag** abgeschlossen wurde, d.h. ob B hier Vermieter der Garage oder Verwahrer des untergebrachten Porsche sein sollte. Die Abgrenzung kann im Einzelnen Schwierigkeiten bereiten, ist aber für die Lösung des Falles von entscheidender Bedeutung:

a) Da der vorliegende Vertrag befristet ist, käme bei einem Mietvertrag gem. § 542 II nur dann eine Kündigung in Betracht, wenn A einen dementsprechenden wichtigen Grund (vgl. §§ 543) anführen könnte, der aber in der günstigeren Unterstellung nicht zu sehen ist. D.h. A wäre bis zum 30.04. weiterhin zur Zahlung gem. § 535 I verpflichtet.

b) Würde es sich vorliegend aber um einen Verwahrungsvertrag gem. § 688 handeln, könnte A als Hinterleger jederzeit den Porsche zurückfordern, d.h. der Verwahrungsvertrag kann durch A gemäß § 695 S. 1 jederzeit beendet werden. Gem. § 699 II kann B dann nur bis zum 31.01. die vereinbarte Summe von 100,- € verlangen.

Um eine dementsprechende Abgrenzung vollziehen zu können muss man sich die Unterschiede zwischen den beiden Vertragstypen vor Augen führen: Stellt jemand zur **Aufbewahrung einer Sache** lediglich gegen **Entgelt** den Raum zur Verfügung, **ohne eine weitere Verpflichtung** zu übernehmen, so handelt es sich um einen **Mietvertrag**. Übernimmt die Person **dagegen noch weitere Obhutspflichten, so liegt ein Verwahrungsvertrag vor**.

In diesem Fall ist zu beachten, dass es sich um einen bewachten Parkplatz handelt, der B also zumindest Personal zur Verfügung stellt, das auf die abgestellten Wägen ein Auge wirft. Dagegen spricht auch nicht, dass A seinen Schlüssel behalten haben wird und damit nicht seinen Besitz aufgibt. Entscheidend ist vielmehr, dass A den Porsche B's Aufsicht und Obhut überlässt. **Es handelt sich hier also um einen (atypischen) Verwahrungsvertrag.**

A muss lediglich bis zum 31.01. das vereinbarte Entgelt bezahlen, aber nicht darüber hinaus.

---

hemmer-Methode: Obige Unterscheidung ist auch wegen der unterschiedlichen Haftung (der Vermieter haftet nur für die Eignung der überlassenen Mietsache - evtl. verschuldensunabhängig i.F.d. § 536a I S. 1 - während der Verwahrer auch Obhutspflichten hinsichtlich der ihm übergebenen Sache hat) von Bedeutung. Würde es sich im Beispielsfall um einen unbewachten Parkplatz handeln, so läge eine Miete (bei Unentgeltlichkeit Leihe!) vor, ebenso bei Schließfächern aller Art.

XIV. Verwahrung

Verwahrungsvertrag

SchR-BT II
Karte 94

> Zwar ist die Verwahrung nicht unbedingt ein Dauerbrenner im Examen. Jedoch sollten Sie sich auch mal mit weniger geläufigen Dingen auseinandersetzen, damit Sie für den Ernstfall gerüstet sind. Deshalb soll der vorige Fall noch ein bisschen weiter gesponnen werden.

A holt den Porsche aus Nachlässigkeit erst einen Monat später ab.

Kann B für den weiteren Monat 100,- € verlangen?

Fraglich ist, ob B nun für die Zeit zwischen dem Rückforderungsbegehren des A und der tatsächlichen Abholung das vereinbarte Entgelt verlangen kann, da mit der Kündigung der Verwahrungsvertrag beendet ist und für den hier interessierenden Fall die §§ 688 ff. keine Regelungen enthalten.

Kommt der **Hinterleger seiner Rücknahmepflicht** (vgl. § 696, Holschuld gem. § 697) wie im ersten Fall **nicht nach,** so steht dem **B wegen des Annahmeverzugs gemäß § 304 die Mehraufwendungen und wegen des Schuldnerverzuges (Pflicht zur Rücknahme!) ein Anspruch auf Schadensersatz gem. §§ 280 I, II, 286 in Betracht.**

> hemmer-Methode: Im Mietrecht enthält § 546a eine spezielle Regelung für den Anspruch des Vermieters bei verspäteter Rückgabe. Diese Vorschrift ist bei der Verwahrung nicht analog anwendbar.
>
> Die §§ 688 ff. weisen vielmehr viele Parallelen zum Auftragsrecht auf, da es auch bei der Verwahrung denen es auch um das Tätigwerden im Interesse eines anderen geht (vgl. u.a. §§ 693 und 670, §§ 695 und 671 I, §§ 692 und 665!).

XIV. Verwahrung

Unregelmäßiger Verwahrungsvertrag

SchR-BT II
Karte 95

> Die grundlegenden §§ 688 ff. werden bei besonderen Arten der Verwahrung verdrängt: so gelten die §§ 467 – 475h HGB für Lagergeschäfte und das speziell geregelte DepotG (Schönfelder Ergänzungsband Nr. 59) für die Verwahrung von Wertpapieren.
> Von der gewöhnlichen zu unterscheiden ist dagegen die sog. „unregelmäßige Verwahrung" gem. § 700.

Grenzen Sie die unregelmäßige Verwahrung nach § 700 von der gewöhnlichen Verwahrung und vom Sachdarlehen nach § 607 und vom Gelddarlehen nach § 488 ab.

Wie würden Sie danach Fest- und Termingelder bzw. Girokonten rechtlich qualifizieren?

Der unregelmäßige (auch „uneigentliche") Verwahrungsvertrag nach § 700 stellt weder eine übliche Verwahrung noch ein Darlehen dar, sondern begründet ein Schuldverhältnis eigener Art.

1. Von der **gewöhnlichen Verwahrung unterscheidet er sich** dadurch, dass bei ersterem der **Hinterleger genau die Sache später wieder herausverlangt**, die er vorher dem Verwahrer zum unmittelbaren Fremdbesitz übertragen hat.

Bei der **unregelmäßigen Verwahrung** geht demgegenüber das **Eigentum entweder sofort (§ 700 I S. 1) oder durch Aneignung (§ 700 I S. 2) auf den Verwahrer über**. Ab da finden dann regelmäßig die Regeln über das Darlehen, §§ 488 ff. bzw. §§ 607 ff. Anwendung, d.h. dass der Hinterleger nur gleichartige und nicht dieselben Sachen herausverlangen kann (Verwahrer trägt dann aber auch bei Untergang die Sachgefahr!).

2. Beim **echten Darlehen** geht zwar auch das Eigentum über, allerdings unterscheidet sich der uneigentliche Verwahrungsvertrag durch eine **differierende Interessenslage**: Die **Darlehensgewährung** erfolgt **im Interesse des Darlehensnehmers**, um diesem die Nutzung des Kapitals zu ermöglichen.

Im Falle des **§ 700 dagegen** sollen vorwiegend dem **Hinterleger** die Mühen und Risiken der Aufbewahrung abgenommen werden, d.h. hier stehen **seine Interessen im Vordergrund**. Letzterem wird im Gesetz durch die Regelung des **§ 700 I S. 3** Rechnung getragen, der bzgl. Ort und Zeit der Rückgabe im Zweifel die Vorschriften für den gewöhnlichen Verwahrungsvertrag für anwendbar erklärt. Insbesondere ermöglicht das dem Verwahrer, seine Sache jederzeit herauszuverlangen und nicht erst durch Kündigung nach z.B. § 608.

Nach obigen Ausführungen lassen sich somit die **Fest- und Termingelder,** die eben nicht jederzeit kündbar sind und hauptsächlich dem Interesse der Bank, Dritten Kredite zu gewähren, dienen, rechtlich als **Darlehensverträge** qualifizieren.

Laufende Konten wie **Girokonten** sind dagegen als **Zahlungsdiensterahmenvertrag i.S.d. § 675f II** zu qualifizieren: hier überwiegt die Zahlungsdienstleistung.

---

hemmer-Methode: Denken Sie bei einer Abhebung von Geld mit einem Sparbuch (§ 700) als Legitimationspapier auch an § 808 I S. 1: Unabhängig davon, ob der Besitzer nun tatsächlich berechtigt ist, hat die Leistung an diesen für die Bank befreiende Wirkung (ungeschriebene Ausnahme: Kenntnis oder grob fahrlässige Unkenntnis der Bank; PALANDT § 808, Rn. 4; str.).

XV. Auslobung

Auslobung

SchR-BT II
Karte 96

> Bei der Auslobung (§§ 657 - 661) wird für die Vornahme einer Handlung (kann auch in einem Unterlassen bestehen), insbesondere für die Herbeiführung eines Erfolges, durch öffentliche Bekanntmachung eine Belohnung versprochen.
>
> Der Auslobende schuldet die Belohnung sogar dann, wenn die handelnde Person gar nicht mit Rücksicht auf die Auslobung gehandelt hat, d.h. dass diese noch nicht einmal von deren Existenz wissen muss.

1. **Was kann man daraus für die rechtliche Qualifizierung der Auslobung folgern und als was stellt sich dann die vorgenommene Handlung dar?**

2. **Grenzen Sie die Auslobung von Spiel und Wette ab.**

1. Aus dem Umstand, dass der Auslobende auch dann gebunden ist, wenn der Handelnde von der Auslobung nichts weiß, muss geschlossen werden, dass es zur Begründung der Verpflichtung keiner zwei Willenserklärungen bedarf, d.h. es handelt sich hier nicht um einen Vertrag, sondern um ein **einseitiges Rechtsgeschäft** (vgl. auch Testament), das in Abweichung von dem Vertragsgrundsatz des § 311 I schon verpflichtend ist: die **Auslobung als Willenserklärung ist noch nicht einmal empfangsbedürftig und wird mit ihrer Abgabe wirksam**.

Aus der Einseitigkeit wiederum folgt die **freie Widerruflichkeit nach § 658 I**, dies aber nur **bis zur Vornahme der Handlung**, da sonst die Gefahr bestünde, dass sich der Auslobende seiner Verpflichtung entziehen will, sobald sein Interesse befriedigt ist.

Die **Vornahme der Handlung** ist nach oben Gesagtem auch **nicht als „Annahme" eines Vertragsangebots** zu verstehen, **sondern vielmehr als Erfüllung der Bedingung**.

2. Bei **Spiel und Wette wird keine Verbindlichkeit begründet gem. § 762 I**, d.h. es besteht **kein Erfüllungsanspruch**. Gleichwohl kann das Geleistete aber nicht deshalb zurückverlangt werden, weil eine Verbindlichkeit nicht bestanden hat (<u>insoweit ähnlich</u>: § 656 I).

Von Spiel und Wette unterscheidet sich die Auslobung durch den Vertragscharakter der ersten beiden. Zudem hat der Wettende regelmäßig kein Interesse an der Vornahme einer bestimmten Handlung, sondern will durch seine Wette nur die Richtigkeit einer von ihm aufgestellten Tatsachenbehauptung unterstreichen. Dagegen geht es beim Spiel mehr um Unterhaltung, um die Eingehung eines Wagnisses oder Geschicklichkeits- und Glücksspiele.

> hemmer-Methode: Mit Auftrag, Dienst- oder Werkvertrag hat die Auslobung wieder gemeinsam, dass alle zu einer Tätigkeit veranlassen sollen, wobei erstere allerdings wieder den Abschluss eines Vertrages und damit einen Vertragspartner voraussetzen.

XVI. Spiel und Wette

Spiel

SchR-BT II
Karte 97

> Bei Spiel- und Wettverträgen hängt der Geschäftserfolg meistens von Ungewissheiten oder sogar dem Zufall ab. Die darin liegende Unkalkulierbarkeit und Gefährlichkeit hat bei beiden daher nur eine geminderte Wirksamkeit zur Folge (sog. „unvollkommene Verbindlichkeit"). Der Schutzzweck des § 762 gebietet es aber auch, ihn ebenso auf Neben- und Hilfsverträge auszudehnen, die mit Spiel und Wette in einem engen Zusammenhang stehen.

G will mit dem verschuldeten S eine Runde Karten spielen. S hat jedoch ursprünglich keine Lust. Er kann erst nach einiger Zeit von G´s Freund F (der dafür von G heimlich die Hälfte des Gewinns versprochen bekommt) dazu bewegt werden, indem dieser ihm ein zinsloses Darlehen über 1.000 € gewährt, damit er auch „etwas einsetzen" könne. S hat später aber alles verloren.

Kann F von S die 1.000 € zurückverlangen?

Juristisches Repetitorium
examenstypisch • anspruchsvoll • umfassend **hemmer**

1. Anspruch aus § 488 I S. 2:

Die nötigen Einigungen zum Abschluss eines Darlehens liegen vor. Auch hat der S die Summe schon erhalten, so dass grds. auch schon ein Rückzahlungsanspruch in Frage käme.

Dem **könnte aber entgegenstehen**, dass es sich hier um ein **Darlehen** handelt, das **zu Spielzwecken** gewährt wurde:

- § 762 II ist hier nicht einschlägig, da dies nur den Fall beträfe, dass G als Gewinner dem S nachträglich zur Schuldtilgung ein Darlehen gewähren würde.
- Auch **kann dem F nicht der Spieleinwand entspr. § 762 entgegengesetzt werden,** da es sich bei ihm **nicht** um den **Gegenspieler oder Veranstalter** handelt.
- Andererseits handelt es sich bei F auch nicht um irgendeinen gutmütigen Dritten, der zwar die Absicht der Beteiligten kennt, aber sonst aus neutralen Motiven handelt. Vielmehr handelt F unter **Ausnutzung der Spielleidenschaft** des S, um später selbst möglichst an die Hälfte des Gewinns zu kommen, d.h. sich selbst mittelbar einen Vorteil zu verschaffen. Aus diesem Grund ist der **Darlehensvertrag nach § 138** nichtig.

Ein Anspruch aus § 488 I scheidet damit aus.

2. Anspruch aus § 812 I S. 1 Alt. 1:

Die Leistung des F erfolgte **wegen Nichtigkeit** des Darlehensvertrages **ohne Rechtsgrund**. Dem Rückforderungsanspruch **könnte aber § 817 S. 2 entgegenstehen**. Zwar schließt dieser i.R.e. Wucherdarlehens grds. nur die Rückforderung der Zinsen aus, wohingegen die Darlehensvaluta an sich zurückgefordert werden kann. **Nach Sinn und Zweck muss hier aber die Hingabe der 1.000,- € an sich als sittenwidrig angesehen werden, sodass § 817 S. 2 die Rückforderung des Spieldarlehens im Ganzen verhindert.**

---

hemmer-Methode: Das auf ein Spiel oder eine Wette hin Geleistete kann nicht gem. § 812 I S. 1 Alt. 1 mit der Begründung zurückverlangt werden, dass eine Verbindlichkeit nicht bestanden hätte. Dies betrifft auch die im voraus erbrachten Leistungen wie den Spieleinsatz. Allerdings schließt das nicht die Möglichkeit aus, das Geleistete aus anderen Gründen, wie z.B. bei Anfechtung wegen arglistiger Täuschung, zurückzufordern.
Zur Einschränkung der Kondiktionssperre beim sittenwidrigen Schenkkreis lesen Sie BGH, Life&Law 05/2006, 303 ff. = NJW 2006, 45 ff. (bestätigt von OLG Köln, NJW 2006, 3288 ff.).

Stichwortverzeichnis

A

Abschleppunternehmer	86
Abstraktionsprinzip	5
Allgemeine Geschäftsbedingungen	32, 39
Akzessorietät	53, 54
Alleinauftrag	35
Anfechtung	25, 46, 64
des Mietvertrags	25, 27
des Vergleichs	52
Annahmeverzug	44
Anwartschaftsrecht	30, 31
Arbeitskraft	89
Arbeitsvertrag	43
Arglist bei der Schenkung	11
Aufrechnung	62
Aufrechnungsverbote	62
Auftrag	35
Aufwendungen	65, 77
Ausfallbürgschaft	70
Auslobung	96
Ausschließlichkeitsgrundsatz	14

B

Bereicherung, aufgedrängte	34
Besitzer, nicht-so-berechtigter	29
Bestellung von Sicherheiten	1
Betriebsrisiko	44
Blankobürgschaft	56
Bonifatiusfall	7
Brückenvorschrift	17

Stichwortverzeichnis

SchR-BT II

D II

Bürgschaft 61, 67	Darlehenszinsen 75
Formerfordernis 57	Deckungsverhältnis 9
Sittenwidrigkeit 58, 59	Deliktsrecht 27
Bürgschaftsvertrag 53	Dienstvertrag 43
Anfechtung 60	Doppelvermietung 23
Bürgschaftsvorvertrag 57	

C

C.i.c. (§§ 280 I, 311 II, III, 241 II) 27

D

Darlehensgeber 73
Darlehensnehmer 73
Darlehensvaluta 73
Darlehensversprechen 73
Darlehensvertrag 72

E

Echte/unechte Verflechtung 37
Ehegattenbürgschaft 59
Eigengeschäftsführung 84
    angemaßte 81, 92
    irrtümliche 81, 92
Eigenschaft 18
    verkehrswesentliche 60
Einheitstheorie 3
Einreden, schuldnerbezogene 64, 65

Juristisches Repetitorium
examenstypisch • anspruchsvoll • umfassend **hemmer**

Stichwortverzeichnis

Einwendungsdurchgriff	76
Erfüllungsinteresse	10
Erfüllungsverweigerung	33
Erhaltungsinteresse	10
Erwerb, gutgläubiger	30

F

Fehler	10, 11
Finanzierungskauf	38
Finanzierungsleasing	38
Fixschuld	44
Formerfordernis	56
Freistellungsanspruch	45
Fremdgeschäftsführungswille	34, 84, 86, 87
Funkenflugfall	85

G

Garantie	11, 19, 55
Garantiehaftung	20
Gebrauchserhaltungspflicht	16
Gebrauchsüberlassungspflicht	16
Gesamtschuld	67, 83
gestörte	45
unechte	83
Gesamtschuldner	55, 68
Geschäft	
auch-fremdes	85, 87
fremdes	87
rechtlich vorteilhaftes	5
Geschäftsanmaßung	92
Geschäftsbesorgungsvertrag	43
Geschäftsführung	80

Stichwortverzeichnis

Geschäftsherr 92
Gewährleistungsrecht, Übersicht 27
GoA
    berechtigte 88, 91
    echte 81
    Haftungsmilderung 89, 90
    Konkurrenzen 91
    unberechtigte 90, 91
    unechte 81

H

Handelsmakler 35
Handschenkung 4
Hinterleger 95
Holschuld 94

I

Inhaberpapiere... 7
Innengesellschaft 13
Innerbetrieblicher Schadensausgleich 45
Insichgeschäft 5, 56
Insolvenzrisiko 41
Instandhaltungspflicht 16

K

Kindesbürgschaft 58
Klage auf vorzugsweise Befriedigung ... 31
Konsensualvertragstheorie 72, 97
Kündigung 18
Kündigung, außerordentliche 22, 46

Stichwortverzeichnis

SchR-BT II

D V

Kündigung, ordentliche	22, 46
Kündigungssystem	22

L

Leasing	39
Leasingvertrag	42
Legitimationspapier	95
Leistung, erfüllungshalber	47
Leistungsverweigerungsrecht	62, 64

M

Maklerdienstvertrag	35
Maklerwerkvertrag	35
Mängeleinrede	74
Mangelfolgeschaden	20

Mietkauf	38
Mietminderung	21
Mietsicherheiten	30
Mietvertrag	38
Hauptpflichten	32, 33
Schriftform	17
Minderjährigkeit	5
Minderung	18
Mitbürgschaft	68
Mitverschulden	77

N

Nachbürgschaft	70
Nachholbarkeit	44
Nicht-Dritter	60
Novation	51

Juristisches Repetitorium
examenstypisch • anspruchsvoll • umfassend **hemmer**

Stichwortverzeichnis

O

Operatingleasing	38
Opfergedanke	8
Organbesitz	7

P

Preisargument	32
Privilegierung des Bürgen	66
Prozessvergleich	50

R

Radfahrerfall	86
Ratenkreditverträge	75
Ratschläge und Auskünfte	80
Realvertragstheorie	72
Recht zum Besitz	93
Rechte des Mieters	28
Rechte des Vermieters	28
Rechtskrafterstreckung	69
Rechtsmangel	23
Rechtsscheinhaftung	56
Regress	65
Rückbürgschaft	70
Rückgriffskondiktion	83
Rückgriff	67
Rücknahmepflicht	94

S

Sache, vertretbare	74
Sachmangel	20

Stichwortverzeichnis

Saldotheorie	41
Schaden (entgangener Gewinn)	29
Schadensersatz	18
schadensgeneigte Arbeit	77
Schenkung	
unter Auflage	12
unter Lebenden	6
von Todes wegen	6
Form	4
gemischte	3
Vollzug	4, 6, 7
Schönheitsreparaturen	32, 33
Schuldanerkenntnis	4, 47, 48
deklaratorisches	49
Schuldbeitritt	55
Schuldumschaffung	47
Schuldumwandlung	54
Selbstmörderfall	88
Sicherheiten, akzessorische	51
Sorgfaltspflichten	16
Sozialklausel	22
Sparbuch	8
Spiel und Wette	97
Stellvertretung	78
Störung der GG	14, 40, 50
Streitverkündung	69
Stundung	74
Subjektiver Fehlerbegriff	18

T

Teilnahme am Rechtsverkehr	80
Tilgung fremder Schuld	82

Stichwortverzeichnis

Trennungstheorie 3
Trunkenheitsfahrt 90

U

Überlassung 19
Umfangsänderung 54
Unbeachtlichkeit des Willens 88
Unbenannte Zuwendung 13, 14
Unentgeltlich = rechtsgrundlos? 15
Unentgeltlichkeit 1
Unmöglichkeit 27
Untermiete 28, 29
Urteilswirkung 69

V

Valutaverhältnis 9
Verbindlichkeit, eigene 53
Vereinbarungsdarlehen 74
Verfügung 29
Vergleich 52
Verhältnis Interesse-Wille 89
Verjährung 26
    regelmäßige 82
    unregelmäßige 82
Verkaufsdruck 36
Verknüpfung
    kausale 2
    konditionelle 2
    synallagmatische 2
Vermieterpfandrecht 30, 31

Stichwortverzeichnis

Verpflichtung, öffentl.-rechtl.	85
Verschuldenszurechnung	80
Vertrag	
mit Drittem	84, 86
mit Schutzwirkung zugunsten Dritter	26
zugunsten Dritter	8
nichtiger	84
Vertrauensinteresse	11
Verwahrer	95
Verwahrungsvertrag	94
unregelmäßiger	95
Verwendungsersatz	34
Vollmacht	
Erlöschen	78
postmortale	78
Vorausklage	61
Vorteilsanrechnung	33

W

Warnfunktion	36
Wegerwerb, gutgläubiger	31
Werkvertrag	43
Wettlauf der Sicherungsgeber	66
Willenserklärung	
nicht empfangsbedürftige	96
Verzicht auf Zugang	61
Wirksamwerden	79
Wirtschaftsberaterfall	87
Wirtschaftsrisiko	44
Wucherdarlehen	75

Stichwortverzeichnis

Z
Zinsen 75
Zugewinn 13, 14
Zurückbehaltungsrecht 93, 94
Zuweisungsgehalt 29

Zuwendungsverhältnis 9
Zweckerreichung 33
Zweckschenkung 2, 12
Zweckvereinbarung 13
Zweckwürdigungstheorie 3